EL BRILLO de la Salud

(The Oh She Glows Cookbook)

Si este libro le ha interesado y desea que lo mantengamos
informado de nuestras publicaciones, puede escribirnos a
comunicacion@editorialsirio.com,
o bien suscribirse a nuestro boletín de novedades en:
www.editorialsirio.com

Título original: THE OH SHE GLOWS COOKBOOK
Traducido del inglés por Elsa Gómez Verástegui
Diseño de portada: Editorial Sirio, S.A.

© 2014 by Glo Bakery Corporation
Todos los derechos reservados, incluido el derecho de reproducción total o parcial en cualquier
forma. La presente edición se ha publicado según acuerdo con Avery, sello de Penguin Publishing
Group, una división de Penguin Random House LLC

© de la presente edición
EDITORIAL SIRIO, S.A.

EDITORIAL SIRIO, S.A.	NIRVANA LIBROS S.A. DE C.V.	DISTRIBUCIONES DEL FUTURO
C/ Rosa de los Vientos, 64	Camino a Minas, 501	Paseo Colón 221, piso 6
Pol. Ind. El Viso	Bodega nº 8,	C1063ACC
29006-Málaga	Col. Lomas de Becerra	Buenos Aires
España	Del.: Alvaro Obregón	(Argentina)
	México D.F., 01280	

www.editorialsirio.com
sirio@editorialsirio.com

I.S.B.N.: 978-84-16579-26-6
Depósito Legal: MA-317-2016

Impreso en Imagraf Impresores, S. A.
c/ Nabucco, 14 D - Pol. Alameda
29006 - Málaga

Impreso en España

Puedes seguirnos en Facebook, Twitter, YouTube e Instagram.

Angela Liddon

EL BRILLO
de la
Salud

(The Oh She Glows Cookbook)

editorial Sirio

A mi marido, Eric:
eres mi luz, mi amor
y mi inspiración

Introducción

Cuando hace cinco años cambié a una dieta integral vegana, vi obrarse en mí una transformación espectacular. Tras diez años de bregar con un trastorno alimentario y subsistir a base de productos «dietéticos», o sea, alimentos procesados bajos en calorías, sabía que había llegado el momento de hacer un cambio radical de vida, y de salud. Fui cambiando la dieta poco a poco, dando prioridad a alimentos nutritivos de origen vegetal, y de inmediato me dejó impresionada lo bien que me sentaba comer de esa manera. Las hortalizas y la fruta, los cereales integrales, las legumbres, los frutos secos y las semillas, rebosantes todos de energía dinámica, reemplazaron a los alimentos procesados y extraídos de un envase. Poco a poco, vi que la piel me empezaba a relucir, que tenía cada día más energía y que el síndrome de colon irritable, ya crónico, se mitigaba considerablemente. Los envases que anunciaban alimentos procesados de 100 calorías ya no me resultaban tan tentadores.

En 2008 inicié mi blog, *Oh She Glows*, para correr la voz sobre el viaje a la salud que estaba experimentando y sobre la transformación tan radical que la alimentación puede provocar en nuestra vida. Mi meta era, y sigue siendo, manifestar abiertamente mi experiencia, con la esperanza de que les sirva de inspiración a hombres y mujeres que viven situaciones similares a la que yo viví. Si he de ser sincera, no sabía si las ganas de hacer aportaciones diarias al blog me durarían más de un par de semanas, pero lo que empezó siendo un inesperado pasatiempo acabó por convertirse en una auténtica pasión, y hoy tengo la certeza de que este blog me cambió la vida entera. En solo unos meses, el número de lectores creció con rapidez, y muy pronto estaba conectada a personas de todo el mundo. Poco a poco, fueron apareciendo en el blog comentarios y mensajes de correo electrónico que describían experiencias de dolor y triunfo. Saber de aquellos valerosos hombres y mujeres fue crucial para mi propia recuperación, pues me motivó a permanecer en el camino de la salud. Era la primera vez en mi vida que me sentía de verdad satisfecha con el trabajo que hacía. Casi sin darme cuenta, empecé a pasar incontables horas en la cocina transformando mis recetas favoritas, es decir, sustituyendo los ingredientes habituales por otros de origen vegetal, y corriendo luego al ordenador para presentarles las fotografías y las recetas a los lectores del blog.

Ni en sueños habría podido imaginar el crecimiento que, en cinco años, ha tenido *Oh She Glows*. Recibe millones de visitas al mes. A lo largo de estos años, me han escrito personas de todos los rincones del planeta contándome los cambios de salud positivos que han experimentado a raíz de probar mis recetas. Estoy inmensamente agradecida de poder hacer partícipe de mi pasión a tanta gente y de poder propagar al mundo entero la alegría que se deriva de una alimentación sana. Durante años, he soñado con escribir un libro de cocina, un lugar donde compartir mis recetas más preciadas: desayunos nutritivos y fáciles de preparar, tentempiés ricos en proteínas, sustanciosos platos fuertes y postres exquisitos. Estoy sencillamente encantada de compartir contigo, al fin, esta colección de recetas que hasta ahora he tenido que guardar en secreto. El presente libro (*The Oh She Glows Cookbook*) contiene más de un centenar de recetas que te harán brillar desde dentro; setenta y cinco de ellas son recetas nuevas de creación propia, y hay además un par de docenas de recetas favoritas de los lectores, que he modificado para sacarles el máximo partido. Tanto si te inclinas por una alimentación vegana como si solo quieres incorporar alguna comida vegana a tu dieta semanal, estoy segura de que las recetas de este libro tendrán un efecto favorable en tu salud y tu bienestar, y es de esperar que renueven tu entusiasmo por la comida sencilla y de origen vegetal.

MI VIAJE A LA SALUD

Ojalá pudiera empezar a contar la historia de mi vida con un romántico relato sobre una infancia vivida en una granja y cómo aprendí a cocinar de mi abuela las atesoradas recetas de la familia, pero la verdad es que siempre he tenido una relación inestable y voluble con la alimentación, una relación sembrada de problemas. Durante más de diez años, la comida fue el enemigo. Pasaba de un extremo al otro: o me mataba de hambre o comía hasta reventar; y el círculo vicioso que era esta montaña rusa me hacía sentirme insegura, desconfiar de la comida y, en definitiva, vivir a disgusto conmigo misma. En aquel tiempo, no se me ocurrió pensar cómo podía influir lo que ingería a diario en cómo me sentía, ni me importaba tampoco. La obsesión con las calorías y los gramos de grasa era en realidad una máscara que ocultaba otros problemas de mi vida, pero, además, me impedía conocer de verdad el poder que tiene una nutrición apropiada y su capacidad para influir en el estado de ánimo, el nivel de energía e incluso la autoestima. En el fondo, sabía que estaba en mi mano provocar un gran cambio en mi vida, pero no sabía bien cómo hacerlo.

La verdad es que los momentos de mayor lucidez suelen llegarnos cuando nos sentimos profundamente incómodos, infelices o insatisfechos. Pues solo en esos momentos, empujados por la insatisfacción, somos capaces de salir del camino trillado y empezar a explorar maneras diferentes de hacer las cosas, o respuestas más certeras.

M. Scott Peck

A los veintitantos años, inicié el que sería un largo camino para recuperarme del trastorno alimentario que sufría. Con un sentimiento nuevo de optimismo, me permití dejar atrás el pasado y emprender un viaje de curación personal. La meta era muy simple: aprender a disfrutar de nuevo de la comida de verdad y tomar alimentos integrales que me hicieran brillar desde dentro. Aquello significó desterrar los tentempiés de 100 calorías, el yogur desnatado y con edulcorantes artificiales y la mantequilla con un 0% de calorías y un 100% de productos químicos, ¡terminantemente!

En vez de todo esto, empecé a añadir hortalizas y verduras al batido que tomaba por la mañana antes de ir a trabajar. Echaba de todo en la batidora: desde col verde y pepinos hasta remolachas y zanahorias. Los primeros experimentos tenían un aspecto (y un sabor) bastante espantoso —de ahí el nombre de monstruos verdes (página 79)— pero, al cabo de un tiempo, empecé a conseguir brebajes deliciosos y a publicar las recetas en el blog. Para mi sorpresa, los monstruos verdes conquistaron el mundo del blog, y comencé a recibir fotografías de lectores del mundo entero en las que me mostraban sus batidos, sus monstruos verdes. Pronto, la piel me empezó a brillar de nuevo y recuperé la energía que necesitaba para atender a las innumerables tareas cotidianas. Eric, mi marido, también recibió muy pronto los beneficios de la nueva dieta basada en alimentos de origen vegetal. Adelgazó nueve kilos y el alto nivel de colesterol que tenía se redujo sin tomar ningún medicamento. Estos resultados tan positivos me motivaron para atenerme a la nueva forma de vida y no caer en viejos hábitos negativos.

Que el alimento sea tu medicina y la medicina tu alimento.

Hipócrates

Empezaron a entrar más vegetales en mi cocina, con la ayuda de una suscripción a Agricultura de Apoyo Comunitario, que me suministraba hortalizas, y de viajes frecuentes al mercado agrícola. Al cabo de un par de años, hice mi propio huerto, en el que sembré montones

de coles y otras verduras (eso sí, ¡no voy a contarte la cantidad de hierbas aromáticas que maté!). Cultivar aquel huerto y recoger sus frutos me hizo sentirme verdaderamente conectada por primera vez con la comida que me servía en el plato. Estaba lo que se dice fascinada de ver crecer en mi huerto hortalizas de verdad, ¡verduras que arrancaba de la tierra y me podía comer! Todo estaba fresco y lleno de sabor, como la naturaleza quería que fuera. Por primera vez en mi vida, me afanaba en la cocina enseñándome a mí misma a cocinar (y a fotografiar lo que cocinaba) empezando de cero. Hubo infinidad de desastres culinarios (muchos de los cuales documenté en mi blog), pero también muchos éxitos, y estos me animaron a seguir aprendiendo y mejorando mi talento gastronómico.

A medida que me iba enamorando de la comida de verdad, empecé a experimentar con recetas veganas que encontraba en Internet, pero solían desilusionarme los resultados. Muchas eran de lo más imprecisas, les faltaba sabor y a menudo utilizaban ingredientes altamente procesados o sustitutos de la carne. Desalentada por los fracasos que tuve con estas primeras recetas, tomé la determinación de crear un día mi propia colección de recetas veganas, fiables y capaces de conquistar hasta al más devoto amante de la carne. Si a mi marido no le gustaban de verdad las los platos que preparaba, la cosa no iba a funcionar, así que tomé la resolución de enseñarme a crear comidas que consiguieran hacerle la boca agua, en ocasiones repitiendo y probando las recetas una y otra vez antes de colgarlas en el blog. Lo mejor de todo es que mis recetas, que están hechas con ingredientes integrales de origen vegetal, me hacen sentir cualquier cosa menos «que les falta algo». A lo largo de este proceso de aprendizaje, me he dado cuenta de que no hay necesidad de sacrificar ni el sabor, ni la variedad, ni el valor nutritivo por el hecho de cocinar recetas veganas. Cuando se usan ingredientes frescos, la comida lo dice todo.

Hice la transición a la dieta vegana introduciendo pequeños cambios progresivos; no es que un día de repente tirara a la basura todo lo que había en la nevera o que, con gesto despreciativo, les declarara la guerra a los productos animales y los alimentos procesados. Fue un proceso gradual, y precisamente por eso ha supuesto un cambio de forma de vida sostenible y duradero. Al principio, compraba cantidad de «carne vegetal» y otros productos veganos, pero pronto descubrí que me sentía más llena de energía y con una sensación de bienestar general mucho mayor cuando no recurría a estos productos. Esta es la razón por la que no encontrarás demasiados sucedáneos veganos de productos de origen animal en este recetario. La dieta que llevo está compuesta principalmente de hortalizas y verduras, fruta, cereales integrales, frutos secos, legumbres, semillas y derivados de la soja mínimamente procesados, así que estos son los ingredientes predominantes que encontrarás en este libro. Yo solía pensar que *vegano* era una palabra en clave que hacía referencia a una limitada serie de alimentos extraños o poco apetecibles, pero he comprobado lo equivocada que estaba. Si lees esto con el mismo escepticismo que yo sentía, ¡espero que también tú cambies de idea!

En cuanto empecé a consumir menos productos de origen animal y más verduras, me sentí —y daba la apariencia de ser— una persona nueva. Quizá esta motivación un tanto vana fuera la que me impulsó en un primer momento, pero con el tiempo serían muchos otros aspectos los que me motivarían, y con mucha más fuerza. Cuando supe de los horrores que se cometen en la ganadería industrial, tanto en el sector cárnico como lácteo, no pude evitar hacerme unas cuantas preguntas muy serias: ¿cómo podía yo, que había sido desde siempre tan amante de los animales, seguir apoyando un sistema que infligía tal dolor y sufrimiento a tantos animales cada año? La dicotomía irreconciliable entre la comida que tenía en el plato y mi pasión por los animales, sinceramente, era algo muy difícil de digerir. ¿No había otra solución? ¿No podía llevar una dieta sana y equilibrada sin tener que contribuir a la existencia de un sistema en el que no creía?

¡Sí, claro que podía! La dieta vegana me animó a buscar ayuda en el exterior y a valorar todos los sectores de la sociedad, incluido el mío. Poco a poco, se obró en mí el desarrollo personal que tan desesperadamente necesitaba..., a través de la comida. La dieta vegana fue la vía que me permitió alinear lo que siento en el corazón con los alimentos que tengo en el plato. La compasión por los demás —y, sorprendentemente, por mí misma— creció en infinidad de sentidos. Al fin, comprendí que soy digna de sentir felicidad y que me merezco nutrirme, diga lo que diga la báscula. Todos lo somos y lo merecemos.

Tengo la esperanza de que las recetas de este libro no solo aviven tu fuego culinario, sino que te muestren además lo fácil que es incorporar a tu dieta recetas veganas de lo más saludables. Sentirse bien está relacionado en primer lugar con lo que comemos, y desde aquí se extiende como un reguero de pólvora a otros aspectos de la vida. Así que sal y haz ya ese cambio de trabajo con el que sueñas desde hace tanto, corre esos diez kilómetros y enamórate de la col verde. ¡No hay mejor momento que este!

Angela

Nunca dudes de que un pequeño grupo de ciudadanos reflexivos y comprometidos puede cambiar el mundo; de hecho, es lo único que hasta hoy lo ha logrado.

Margaret Mead

Acerca de este libro

El presente libro está dividido en diez capítulos, empezando por los desayunos y terminando con la elaboración casera de los preparados básicos. Muchas recetas pueden formar parte, naturalmente, de más de una categoría (por ejemplo, los Bocaditos de faláfel al horno sin una gota de aceite, que he incluido entre los aperitivos, pueden servir también de estupendo plato principal —mira la página 117—). Tómate por tanto la libertad de elegir de los distintos capítulos aquello que te apetezca para confeccionar tus menús.

Te recomiendo que leas la nota de introducción a cada receta y la explicación entera antes de empezar a prepararla. Hay recetas para las que tendrás que hacer algún preparativo con cierta antelación (como poner frutos secos a remojo), así que lo mejor es que planifiques las cosas de antemano siempre que te sea posible. Además, como en la mayoría de las recetas se incluyen una o dos sugerencias, asegúrate de leerlas también. A menudo te mostraré alguna manera de dejar un plato preparado con antelación o de modificar una receta y convertirla en algo distinto. La torta helada de chocolate y café exprés, por ejemplo, se puede transformar muy fácilmente en un helado cremoso (lee la sugerencia de la página 253). ¿Qué te parece? ¡Estoy en todo!

Sé que en la actualidad hay cantidad de gente que tiene problemas de sensibilidad o intolerancia a distintos alimentos. Por eso, siempre que es posible, adjunto a la receta una nota en la que indico la posibilidad de sustituir ciertos ingredientes por otros. Indico también si es una receta sin gluten, azúcar refinado o azúcar, sin soja, frutos secos, cereales o aceite, a fin de

facilitarte la elección. De todas formas, actúa siempre con precaución y lee la etiqueta de los ingredientes que vayas a utilizar para asegurarte de que puedes consumirlos con tranquilidad.

En «Mi despensa de alimentos naturales» (página 23) detallo los ingredientes que más uso cuando cocino. Aunque con esta la lista no pretendo abarcar todos los que puedes llegar a necesitar cuando cocines, es un buen punto de partida en cuanto a los que se usan con más frecuencia en este libro. Te recomiendo que leas el capítulo entero antes de empezar a cocinar, para que tengas así una idea general de los ingredientes y conozcas algunas peculiaridades y posibilidades de cada uno de ellos.

EL BRILLO
de la
Salud

(The Oh She Glows Cookbook)

Mi despensa de alimentos naturales

La verdad es que llamar «despensa» a la serie de estanterías y armarios que tengo en la cocina me hace bastante gracia, teniendo en cuenta que cuando creé las recetas de este libro no teníamos ni despensa ni tan siquiera espacio suficiente para guardarlo todo. (¡No te dejes engañar por la fabulosa cocina «prestada» que usamos en algunas fotografías!) Hacía lo posible por meter todos los ingredientes y utensilios en los armarios, pero el excedente acababa extendiéndose con frecuencia hasta la sala de estar y ocupando los sitios más insospechados. Escondía los moldes para magdalenas debajo de la mesa de centro, usaba el mueble de la televisión para guardar los sacos de harina y ponía encima de los armarios de la cocina las cazuelas y sartenes que no cabían en ninguna parte. (Como dice la canción: «Una chica tiene que hacer lo que tiene que hacer».) No hace falta decir que era un poco embarazoso que los amigos y la familia vinieran de visita y vieran el caos en el que vivíamos. Mi marido, el pobre, no sabía bien en lo que se metía cuando me propuso matrimonio; lo único que me salva es que sea extremadamente paciente y disfrute haciendo de «infatigable evaluador en jefe» de platos y sabores (ha sido él quien me ha hecho escribir esto).

Sean cuales sean las condiciones de tu cocina, tener reservas de los alimentos apropiados facilita mucho poder disfrutar de una dieta equilibrada. A medida que fui conociendo las alternativas naturales de origen vegetal a los productos animales, empecé a hacerme con una despensa de alimentos naturales. Se tarda un poco en lograrlo, así que no te desanimes si todavía no tienes muchos de los artículos que mencionaré a continuación. Intenta añadir algo nuevo cada semana, e irás por buen camino. Por encima de todo, disfruta del viaje. Ah, y si tienes una despensa propiamente dicha, ¡mejor que mejor!

CEREALES EN GRANO Y HARINAS INTEGRALES

Copos y harina de avena

La avena es una formidable fuente de fibra y está repleta de minerales: manganeso, selenio, fósforo, magnesio y zinc. No solo aporta a los horneados un suave sabor a nuez, ligeramente dulce, sino que puede usarse en una gran variedad de recetas dulces y saladas. Los copos de avena son simplemente granos crudos de avena vaporizados y luego prensados (o aplastados con el rodillo) para darles su característica forma plana. Como los copos tienen una superficie mayor, se cocinan mucho más rápido que el grano entero o partido.

La harina de avena es facilísima de hacer en casa (consulta la página 289) y añade un toque rústico, terroso y levemente dulce a los horneados. Asegúrate de que la avena que usas lleve el certificado de no contener gluten en caso de que tengas sensibilidad o intolerancia a esta sustancia, ya que la avena tiene el potencial de sufrir una contaminación cruzada de productos derivados del trigo.

Harina de almendras con piel o peladas

La harina de almendras, con piel o sin ella, da una agradable textura y un sabor dulce y almendrado a las galletas, las barritas de cereales y otros productos horneados. Se elabora, bien con almendras escaldadas (sin piel) y molidas, y en este caso tiene una textura fina y delicada, o bien con las almendras enteras (sin quitarles la piel), y el resultado es entonces una harina «integral» de almendras que tiene una textura un poco más basta.

Las almendras son una excelente fuente de proteínas –7,6 g en ¼ de taza (60 ml)– así como de manganeso, vitamina E, magnesio y cobre, lo cual hace de la almendra molida una harina sin igual. Puedes hacer harina de almendras y harina «integral» de almendras en tu cocina si tienes una batidora de alta velocidad o un robot de cocina (consulta la página 289), o las puedes encontrar en la sección de alimentos de cultivo biológico y sin gluten, o en el pasillo de repostería, de la mayoría de los supermercados y tiendas de productos naturales.

Harina integral de trigo para repostería 100%

La harina integral de trigo para repostería es menos rica en proteínas y gluten que la harina integral de trigo normal y su textura sumamente ligera la hace ideal para reemplazar la tradicional harina de uso general en cualquier receta, haciéndola a la vez más nutritiva. Yo uso harina integral de trigo para repostería para sustituir la harina de uso general en bastantes, si no todas, las recetas de magdalenas y pasteles, por ejemplo. Una advertencia: no se debe sustituir la harina integral de trigo para repostería por harina integral de trigo 100%, ya que esta hace que los horneados resulten demasiado densos y pesados. Sin embargo, si quieres reemplazar la harina integral de trigo para repostería por harina de uso general, puedes hacerlo tranquilamente.

Trigo sarraceno en grano y harina de trigo sarraceno crudo

El trigo sarraceno, o alforfón, no es un grano de trigo, como muchos creen; en realidad es la semilla contenida en el fruto de una planta de la familia del ruibarbo y la acedera. Afortunadamente, sin embargo, se comporta de manera muy similar a un cereal, lo cual hace de la harina de trigo sarraceno un ingrediente idóneo, y ya popular, para la repostería sin gluten. Los granos crudos de trigo sarraceno, de color entre beige y verde pálido, son sencillamente las semillas de la planta, y fuente de proteínas, fibra, manganeso y magnesio.

La kasha, que es el trigo sarraceno tostado, suele confundirse con los granos crudos de trigo sarraceno, pero al menos en mis recetas no se puede reemplazar uno por otro. La kasha tiene un sabor mucho más fuerte (hay quien dice que repulsivo) y puede quitarle por completo el sabor característico a una receta. Por eso, yo siempre uso en mis platos trigo sarraceno crudo en grano. En la página 289 explico cómo preparar harina de trigo sarraceno en casa. Podrás comprarlo a granel en muchas tiendas de alimentación natural, o través de Internet.

Harina de uso general sin blanquear

La harina de uso general sin blanquear está hecha de trigo duro y blando molido, y les da a los horneados una textura suave y esponjosa. Personalmente, no uso esta clase de harina en demasiadas recetas, pero a veces es la única con la que se consigue la ligereza necesaria en algunos pasteles y tartas. Aun entonces, normalmente es posible sustituir una tercera parte de harina de uso general por harina integral de trigo para repostería sin que afecte al resultado final (echa un vistazo al pastel cremoso de chocolate de doble capa, en la página 261, para ver un ejemplo). Haz todo lo posible por que la harina de uso general sea de cultivo biológico y sin blanquear.

Además de los cereales y harinas que acabo de mencionar, uso también con regularidad arroz integral y harina integral de arroz, arroz salvaje, mijo, quinoa, espelta y trigo en grano, así como pasta de arroz integral, de kamut y de espelta.

LECHE, YOGUR Y QUESO DE ORIGEN VEGETAL

Si quieres desterrar los lácteos, actualmente hay numerosas opciones de sustitutos de origen vegetal en la mayoría de los supermercados. Mi leche vegetal favorita es la de almendras. Es la única que uso en mis recetas, pero tú puedes emplear la que más te guste. Hago leche de almendras en casa (consulta la página 287) para beber, y compro leche de almendras sin endulzar ni aromatizar para usar en las recetas. La leche de almendras tiene muy pocas proteínas, de modo que si prefieres una leche vegetal con un mayor contenido proteínico (para hacer batidos, por ejemplo), busca leche de soja o de cáñamo. También uso leche de coco enlatada en muchas recetas de postres, pues les da una consistencia densa y cremosa similar a la que les daría la nata líquida de origen animal. Las marcas de leche de coco que utilizo habitualmente son Native Forest y Thai Kitchen.

En cuanto al yogur y el queso de origen vegetal, no son productos que consuma a menudo, pero sí recurro a ellos de vez en cuando. En la receta del Muesli de Bircher para sentirte como en un balneario (página 59)[1], utilizo yogur vegetal. Prefiero el sabor del yogur de almendras y de coco (por ejemplo de la marca So Delicious), pero puedes decantarte por el yogur de soja si prefieres una opción más alta en proteínas. En el suculento estofado tex-mex para niños y mayores (página 169), empleo una pequeña cantidad de queso vegano rallado. La marca que más me gusta es Daiya, pero, una vez más, puedes usar tranquilamente tu queso vegetal preferido.

EDULCORANTES NATURALES

Dátiles Medjool

¿Puede haber algo más delicioso que un dátil Medjool, blando y jugoso? Me encanta usar estos dátiles como edulcorante natural en los batidos, en los postres que no precisan horno

---

1. N. de la T.: Bircher Benner, famoso médico naturista suizo que hizo de la alimentación la principal medicina para sanar a sus pacientes, fue el creador del muesli (literalmente, «papilla de cereales»).

e incluso en la base crujiente de las tartas (consulta la página 259). ¡No es una casualidad que se los llame «el caramelo de la naturaleza». Son también estupendos para ligar distintos ingredientes y realzar el sabor de una receta, añadiéndole un matiz acaramelado. Prueba los yolos helados (página 275) si quieres saber a lo que me refiero –¡muchos dicen que no tienen nada que envidiar ni a los mejores dulces comprados!–. Si no tienes a mano dátiles Medjool, cualquier otra variedad de dátil te sacará del apuro; eso sí, en caso de que estén un poco duros y secos, acuérdate de ponerlos a remojo de treinta a sesenta minutos antes de usarlos..., y por supuesto, quítales siempre el hueso.

Sirope puro de arce 100%

No creo que te pille por sorpresa que esta chica canadiense sea una apasionada consumidora de sirope de arce. El sirope de arce es sencillamente la savia hervida de los arces, y es el edulcorante natural que elijo normalmente porque, al ser un producto local, es fácil de conseguir. Busca el sirope de grado de concentración B, que suele tener un sabor más intenso. Soy consciente de que quizá no se pueda conseguir sirope de arce en todas partes y de que, dependiendo de la región o el país, puede ser caro, así que cuando no puedas hacerte con él, tómate la libertad de sustituirlo por el edulcorante natural líquido que prefieras, por ejemplo el sirope de agave.

El sabor del plato cambiará ligeramente, pero en general la receta saldrá según lo previsto, siempre que sustituyas un edulcorante natural líquido por otro de las mismas cualidades. No te recomiendo que reemplaces un edulcorante natural líquido por uno seco, ya que esto alterará la proporción de humedad/sequedad de la receta y el resultado será impredecible.

Azúcar natural de caña

El azúcar natural de caña es una forma orgánica de azúcar integral de caña con un procesamiento mínimo, y tiene una textura gruesa y granulada similar a la del azúcar de coco. Para elaborarlo, se extrae el jugo de la caña de azúcar y se calienta en una gran cuba. Una vez que el jugo se reduce hasta formar un sirope denso, se deja enfriar y secar.

Este proceso hace que el azúcar conserve su contenido de melaza, reteniendo por tanto sus vitaminas y minerales naturales (hierro, calcio y potasio), y le da un tono acaramelado y un sabor fuerte.

Me encanta usar azúcar natural de caña para el bizcocho de jengibre o las recetas que llevan chocolate (mira en la página 241 las magdalenas tipo muffin de chocolate y calabacín sin aceite, o el pastel cremoso de pudin de moca, en la página 269) o allí donde normalmente usaría el azúcar moreno tradicional. Si no tienes azúcar natural de caña a mano, sustitúyelo tranquilamente por azúcar moreno de cultivo biológico sin envasar o por azúcar de coco.

Azúcar de coco

El azúcar de coco es la savia de la palmera cocotera que se ha calentado a fuego lento y, tras dejarla enfriar y secar, se ha molido, dando lugar a un azúcar granulado. Pese a provenir de la palmera cocotera, no tiene sabor a coco, y por tanto combina a la perfección con muchas recetas a la vez que les da un suave matiz acaramelado. No solo tiene un bajo índice de glucosa en comparación con otros edulcorantes naturales, sino que es rico en vitaminas y minerales. En la mayoría de las recetas, puedes sustituir el azúcar de coco por azúcar natural de caña o por azúcar moreno claro (con menor contenido de melaza) de cultivo biológico y sin envasar.

Azúcar de caña de cultivo biológico y azúcar moreno de cultivo biológico

El azúcar de caña de cultivo biológico es un edulcorante natural de uso general que se utiliza para los horneados. Es muy similar al tradicional azúcar blanco, ¡pero el azúcar de caña de cultivo biológico no se refina con carbón hecho de huesos de animales ni se blanquea con lejía! El azúcar moreno de cultivo biológico es casi idéntico al azúcar de caña, solo que tiene un poco de melaza añadida, que le da su color marrón característico así como mayor humedad. Puedes usar tranquilamente azúcar moreno o moreno claro en mis recetas.

Melaza de caña

La melaza de caña es un energético edulcorante natural rico en hierro, potasio, calcio, magnesio y otros minerales. Este sirope denso y potente les da a los horneados una textura ligeramente húmeda y jugosa, y queda de maravilla en el bizcocho y las galletas de jengibre, las salsas para barbacoa y muchas otras recetas.

Cada cucharada de melaza de caña contiene 3,5 mg de hierro, así que es una manera fácil de incrementar las reservas de este mineral. Acuérdate de acompañar la melaza de caña de vitamina C para una máxima absorción del hierro.

Melaza de arroz integral

El sirope o melaza de arroz integral aporta una energía estable y continuada y se dice que ayuda a evitar las subidas bruscas del azúcar en sangre debido a su índice de glucosa relativamente bajo. Personalmente, no suelo utilizar muy a menudo el sirope de arroz integral, pero sí lo uso en un par de recetas (echa un vistazo a las barritas energéticas Glo Bar, en las páginas 229 y 231) para ligar los ingredientes, ya que tiene una consistencia particularmente pegajosa. Desde hace un tiempo existe cierta preocupación por el nivel de arsénico presente en el sirope de arroz integral y otros productos derivados del arroz, y se están haciendo estudios para determinar si son seguros para el consumo. Te recomiendo que estés al tanto de los resultados de las investigaciones y luego decidas si quieres incluir el sirope de arroz en tu dieta.

GRASAS/ACEITES

Aceite virgen de coco

El aceite de coco es mi aceite favorito para guisar y cocinar al horno, porque es beneficioso para el corazón y por sus propiedades antifúngicas y antibacterianas. Dado su alto punto de humeo, es también estupendo para las frituras a altas temperaturas, los asados y los alimentos a la parrilla sin detrimento de las propiedades del aceite. Por eso, para cocinar uso aceite de coco más que ningún otro.

Solidificado a temperatura ambiente, también es un excelente sustituto de la mantequilla para muchos platos, y ayuda a que las recetas en crudo conserven una consistencia sólida (mira la Torta helada de chocolate y café exprés, en la página 253).

El aceite virgen de coco sí sabe a coco y puede dar ese sabor a los alimentos, pero a mi parecer es mínimo y suele complementarse bien con la receta. Personalmente, es un sabor al que me he ido haciendo poco a poco y que en la actualidad me encanta, así que lo utilizo sin restricciones incluso para las comidas saladas, como los salteados de verduras. Si a ti no te entusiasma el sabor del aceite de coco, puedes probar el refinado, que no tiene sabor a coco. En las preparaciones saladas, por ejemplo para los fritos y salteados, puedes reemplazar sin problema el aceite de coco por el aceite vegetal que más te guste, si lo prefieres.

Aceite de oliva virgen extra

El aceite de oliva virgen extra tiene su sitio en toda cocina, pero no debe usarse para freír a altas temperaturas. Al tener el punto de humeo a solo 200 °C, es fácil que su delicado sabor se transforme en amargor si el fuego está demasiado alto. A pesar de esto, es un buen aceite de uso general siempre que cuides de no calentarlo en exceso.

Cuando vayas a seleccionar un aceite de oliva virgen extra, inclínate por aquellos que estén envasados en botellas de vidrio oscuro, pues esto impide que la luz lo estropee. El aceite de oliva de primera presión en frío está extraído exclusivamente mediante procedimientos mecánicos, sin utilizar ninguna sustancia química, por lo cual suele considerarse la opción más saludable.

Aceite de pepitas de uva

El aceite de pepitas de uva es un aceite neutro que casa muy bien con muchas recetas. Me gusta usarlo para los pasteles cuando no quiero que el sabor del aceite destaque y altere el sabor característico del pastel. También se puede sustituir el aceite de pepitas de uva por aceite de oliva virgen extra (excepto para fritos y asados a altas temperaturas), pero ten en cuenta que el sabor del aceite de oliva se notará en la receta.

Aguacate

¿Has probado alguna vez a usar el aguacate como sustituto de la mantequilla o el aceite? Es sencillamente fabuloso. Al aguacate se le llama, a fin de cuentas, «la mantequilla de la naturaleza». Me encanta hacer puré el aguacate y untarlo sobre una tostada, en vez de mantequilla (mira el revuelto de tofu, en la página 55), y lo uso también como sustituto del aceite y la nata líquida en la receta de pasta cremosa con aguacate (página 191). La verdad, ¿hay algo para lo que no sirva un aguacate?

Mantequilla vegana

La mantequilla vegana, hecha de aceite vegetal, se encuentra con facilidad hoy en día en cualquier supermercado, y han empezado a aparecer además variedades que no contienen ni soja ni aceite de palma. Yo suelo usar preferentemente aceite de coco, por sus beneficios para la salud, pero cuando me parece importante que una receta tenga cierto sabor a mantequilla, uso mantequilla vegana —en pequeñas cantidades, claro está—.

Por ejemplo, la receta de puré de patata y coliflor (en la página 221) y la de los bizcochos tipo brownie de chocolate y almendra sin gluten (en la página 271) llevan un poco de mantequilla vegana, que realza su sabor y les da un toque tradicional. La mantequilla vegana es excelente además para extender encima de magdalenas, panes rápidos, patatas asadas y pan tostado.

Aceite de sésamo tostado y aceite de linaza

Para los aliños de ensaladas, uso aceite de linaza, por su alto contenido en ácidos grasos omega-3, y ocasionalmente aceite de sésamo tostado. Ambos tienen un punto de humeo bastante bajo, luego es importante no calentarlos demasiado, o mejor simplemente no calentarlos. Mira en la página 295 la receta de la sencilla vinagreta balsámica para todas las ocasiones, hecha con aceite de linaza, y la salsa thai de cacahuete, en la página 173, que se prepara con aceite de sésamo tostado. Si no dispones de ninguno de estos dos aceites, puedes reemplazarlos sin problema por aceite de oliva virgen extra.

SAL

Como el punto de sal es algo muy personal, en mis recetas (salvo en las de postres horneados) suelo sugerirte que añadas sal «al gusto». Utiliza como punto de referencia general la cantidad que indico, pero confía sobre todo en tus papilas gustativas. Ten en cuenta que siempre se puede añadir más sal a una comida, lo difícil es arreglar una receta una vez que está demasiado salada.

Herbamare

Herbamare es un fantástico preparado de sal, hierbas aromáticas y hortalizas: apio, puerro, cebolla, perejil, ajo, albahaca y romero entre otras. Además, es ligeramente más bajo en sodio que la sal de mesa tradicional. Por esto, y por su excelente sabor, lo uso generosamente para sazonar la verdura. Así que, ya sabes, cada vez que aso o salteo hortalizas, casi seguro que lo uso.

Sal marina fina

La sal que uso en general es la sal marina fina yodada. La sal marina se consigue por evaporación del agua de mar o de lagos de agua salada, y conserva algunos de sus minerales esenciales, a diferencia de la sal común de mesa, que se extrae de depósitos salinos subterráneos, es sometida a un laborioso procesamiento y suele llevar aditivos. Personalmente prefiero la sal marina yodada porque el yodo es un nutriente esencial para el buen funcionamiento de la glándula tiroides, y la sal es una manera fácil de obtener este mineral en mi dieta. También uso sal rosa del Himalaya cuando dispongo de ella.

Sal marina en escamas

La sal marina en escamas no es un ingrediente necesario, desde luego, pero es ideal para rematar algunos platos. Una pizca espolvoreada sobre unos bizcochos o sobre el chocolate casero les da un toque muy especial, pues realza y fija los sabores dulces.

HIERBAS AROMÁTICAS Y ESPECIAS

Estas son las hierbas aromáticas secas y las especias que más uso:
* Ajo en polvo
* Canela
* Cebolla en polvo
* Chile molido
* Cilantro
* Comino
* Cúrcuma
* Jengibre
* Orégano
* Pimentón
* Pimentón ahumado (dulce y picante)
* Pimienta de Cayena
* Pimiento rojo seco en escamas

Normalmente, intento comprar las hierbas aromáticas secas en pequeñas cantidades y a granel. Sale mucho más barato adquirirlas así que envasadas en pequeños tarros, a veces carísimos. Contra lo que suele creerse, las hierbas aromáticas secas no duran demasiado, y conviene reemplazarlas a menudo. Por regla general, cuando son en polvo, deberían reemplazarse cada seis meses. Guárdalas siempre en tarros de vidrio, en un lugar fresco, oscuro y alejado de las fuentes de calor (el horno por ejemplo).

En mis recetas, suelo usar albahaca, perejil y romero frescos y nuez moscada recién rallada, porque creo que tienen mejor sabor. También es fantástico en muchas recetas el jengibre fresco, que además es beneficioso para la salud; entre otras cosas, mejora la digestión y refuerza el sistema inmunitario (consulta por ejemplo la receta de la infusión curativa de rooibos, en la página 91).

CALDO VEGETAL/CALDO DESHIDRATADO EN POLVO

Para ahorrar dinero, hago caldo de verduras mezclando agua hirviendo y caldo vegetal deshidratado en polvo. La marca que uso habitualmente es Go BIO, vegano y sin levaduras ni glutamato monosódico. Por supuesto, puedes usar caldo vegetal casero (página 313) o comprarlo ya hecho.

FRUTOS SECOS Y SEMILLAS

Semillas de chía

Las semillas de chía, rebosantes de ácidos grasos omega-3, hierro, calcio, magnesio, fibra y proteínas, son auténticos portentos nutricionales. Yo añado una cucharada a mis batido diarios, y también me gusta echarles semillas de chía a las barritas energéticas Glo Bar (páginas 229 y 231), los horneados, los copos de avena veganos como por arte de magia (página 61) y el superenergético pan de chía (página 243), o usarlas como base para pudin (mira la potente bomba helada de pudin de chía, en la página 239). Para tener las semillas de chía siempre a mano, intenta rellenar con ellas un salero y colócalo sobre la mesa del comedor. Espolvorear unas pocas aquí y allá hará que, sin darte cuenta, consumas con regularidad ácidos grasos omega-3.

A diferencia de lo que ocurre con las semillas de lino, no es necesario que las de chía estén molidas para que podamos absorber todos sus nutrientes, lo cual hace de ellas una opción cómoda y sin complicaciones. Las semillas de chía se pueden comprar por Internet, en almacenes de alimentos a granel y en tiendas de alimentación natural.

Semillas de girasol

Las semillas de girasol, ricas en vitamina E, son excelentes y deberías tener siempre una buena provisión de ellas, sobre todo si tienes intolerancia a los frutos secos. Si no puedes usar crema de cacahuete o de almendras en las recetas, la crema de semillas de girasol puede ser una estupenda alternativa. La marca que yo uso habitualmente es Sunbutter.

Anacardos

En una dieta sin lácteos, los anacardos crudos son el arma secreta de los expertos. Se pueden preparar con ellos tartas suculentas y cremosas (mira la tarta de calabaza cruda y sirope de arce, en la página 259), nata agria casera (página 293), sopas de consistencia cremosa (como la sopa vegetal de diez especias, en la página 157) y muchísimas recetas más. Una vez que descubras el potencial de los anacardos crudos, la habitual nata líquida pasará a ser algo del pasado. Para muchas recetas, como la sopa cremosa de tomate (página 161), es necesario poner los anacardos a remojo con antelación; esto los ablanda y nos permite triturarlos más fácilmente, además de hacer que sean más fáciles de digerir. Para ello, coloca los anacardos en un cuenco y añade agua hasta cubrirlos. Déjalos a remojo al menos tres o cuatro horas, aunque lo ideal es dejarlos toda la noche. Luego viértelos en un colador y enjuágalos con agua fría antes de usarlos.

Almendras

Las almendras crudas son ricas en calcio, proteínas y fibra. Solo ¼ de taza (60 ml) de almendras contiene 91 mg de calcio, 7,6 g de proteínas y 4 mg de fibra, por todo lo cual son uno de los tentempiés que suelo llevar conmigo. Como ocurre con otros frutos secos, los nutrientes de las almendras se asimilan mejor cuando estas se ponen a remojo la víspera (lo que se conoce también como «germinar») antes de consumirse. Yo suelo dejar a remojo ½ taza (125 ml) de almendras, semillas de girasol y pepitas de calabaza mezcladas, toda la noche o al menos ocho horas.

Luego, por la mañana, simplemente escurro el agua, las enjuago y, una vez escurridas de nuevo, guardo la mezcla en la nevera para poder echar mano de ellas en cualquier momento. Dentro de un contenedor hermético y metidas en la nevera, se conservan normalmente de dos a tres días.

Semillas de lino

Al igual que las de chía, las semillas de lino son ricas en ácidos grasos antiinflamatorios omega-3. Teniendo en cuenta que una vez molidas tienden a oxidarse con rapidez, yo suelo guardarlas enteras en el frigorífico o en el congelador y moler solo la cantidad que necesito y justo antes de usarlas —se muelen con facilidad con la batidora o picadora o en un molinillo

de café—. Una mezcla de semillas de lino molidas y agua es también un excelente, y barato, sustituto del huevo, el «huevo de lino». Al mezclar con el agua las semillas de lino molidas y dejarlas reposar unos minutos, la mezcla espesa y adquiere una consistencia gelatinosa muy similar a la de la clara de huevo.

Semillas de cáñamo (sin cáscara)

Las semillas de cáñamo sin cáscara (llamadas también «corazones de cáñamo») son unas semillas diminutas, blandas y verdes rebosantes de proteínas. Son una proteína completa, que contiene todos los aminoácidos esenciales que el cuerpo humano necesita. Tres cucharadas soperas (45 ml) de semillas de cáñamo contienen ni más ni menos que diez gramos de proteínas, así que, gracias a ellas, podrás lucir unos músculos espectaculares en nada de tiempo. Y lo que es aún más interesante es que las semillas de cáñamo contienen la proporción ideal de ácidos grasos omega 6 y omega-3 (una proporción de 4:1), lo cual ayuda a reducir la inflamación del cuerpo. Me gusta añadirlas a los batidos, espolvorearlas sobre las ensaladas y los copos de avena e incluso usarlas para hacer pesto (mira el pesto de tomates secos, col rizada y cáñamo, en la página 187).

Pipas de calabaza peladas

Las pipas de calabaza son una estupenda fuente de proteínas y hierro en cualquier dieta. En solo ¼ de taza (60 ml) de pipas de calabaza, hay casi 10 g de proteínas y casi 3 mg de hierro. Asegúrate de acompañarlas de vitamina C siempre que te sea posible, a fin de conseguir una máxima absorción del hierro.

Para impedir que los frutos secos y las semillas se pongan rancios, guárdalos en la nevera o en el congelador. Si no fuera posible, consérvalos en un lugar fresco y oscuro y renueva las reservas con regularidad. Además de la lista que acabo de detallar, suelo usar también coco rallado sin endulzar, semillas de sésamo (y tahini, una pasta hecha de semillas de sésamo), crema de cacahuete tostados, nueces y pacanas crudas en mis recetas.

JUDÍAS Y OTRAS LEGUMBRES

Garbanzos

Los garbanzos tienen un alto contenido en proteínas, fibra y hierro. Una taza (250 ml) de garbanzos cocidos contiene 14,5 g de proteínas, 12,5 g de fibra y casi 5 mg de hierro. Rara vez paso un día sin comer garbanzos, ¡normalmente en forma de hummus, por supuesto! Si apareces en mi casa con un buen tarro de hummus recién hecho, seré tu amiga toda la vida (encontrarás la receta del hummus clásico en la página 111).

Judías negras

Las judías negras, con sus aproximadamente 15 g de proteínas y fibra por taza (250 ml), te dejarán el estómago satisfecho durante horas. Estas pequeñas judías brillantes, que reciben asimismo el nombre de alubias, habichuelas, frijoles o fréjoles, según la región, tienen una consistencia densa que nos permite hacer maravillas con ellas en muchos platos veganos, como los burritos mexicanos, los estofados (mira, por ejemplo, el suculento estofado tex-mex, de la página 169) y también las sopas y ensaladas.

Lentejas

Las lentejas son desde siempre una de mis fuentes de proteína favoritas, y las cocino con frecuencia. No solo es Canadá el mayor productor de lentejas del mundo, sino que además son increíblemente baratas, sobre todo si se compran a granel. A diferencia de las judías, no necesitan remojo y basta cocinarlas entre veinticinco y treinta minutos, lo cual hace de ellas un fabuloso acompañamiento de último momento para cualquier comida. Las más comunes son las lentejas verdes y las marrones, de uso general y que suelen ser las más fáciles de encontrar. Conservan bastante bien la forma si no se cuecen demasiado, y son ideales para toda una diversidad de recetas. Las lentejas coral están más indicadas para sopas y guisos porque se deshacen al hervir y ayudan a espesar el caldo. Las lentejas francesas (o de Puy) son de color marrón oscuro o verde y de tamaño más pequeño, aproximadamente la mitad de grandes, que las lentejas comunes marrones o verdes. Conservan bien la forma y su consistencia firme y agradable al masticar hace de ellas un buen aditivo para ensaladas y platos de pasta. Una taza de lentejas cocidas contiene alrededor de 18 g de proteínas, 16 g de fibra y 6,5 mg de hierro.

Advertencia sobre el remojo y la cocción de las judías

Antes de cocinar las alubias o judías secas, es importante ponerlas a remojo en un recipiente grande entre ocho y doce horas como mínimo. El remojo tiene toda una serie de ventajas: por un lado, permite reducir el tiempo de cocción y, por otro, las hace más digestivas y facilita asimismo la absorción de sus minerales.

Después de haberlas remojado, escurre el agua y enjuágalas bien antes de cocinarlas. Desecha el agua del remojo, pues contiene los fitatos, taninos y otras sustancias flatulentas que han desprendido las alubias.

Para cocinarlas, ponerlas en una cazuela grande con agua abundante, que las cubra alrededor de 2,5 cm. A mí me gusta añadirles además un trozo de alga kombu, pues facilita la digestión y suelta en el agua de cocción minerales muy beneficiosos. Lleva el agua a ebullición y luego reduce el fuego, a medio o a mínimo, para mantener un punto de hervor suave. Cocina las judías entre cuarenta y sesenta minutos (dependiendo del tipo de judías y de lo tiernas que sean), o hasta que estén blandas y se puedan pinchar fácilmente con un tenedor.

Es importante no añadir sal hasta una vez terminada la cocción. Si se añade la sal durante el proceso de cocción, es posible que las judías no se cuezan con uniformidad; puede que queden en parte blandas y en parte duras.

Advertencia sobre los productos envasados

Dentro de lo posible, intento preparar los alimentos partiendo de la materia prima, pero como todos sabemos, ¡a veces nos falta tiempo! Cuando tengo que confeccionar una comida en un momento de apuro, no dudo en usar alimentos en conserva que no contengan bisfenol A. Mi marca favorita de legumbres enlatadas es Eden Foods. Normalmente tengo siempre a mano alguna lata de garbanzos y de alubias negras y algún tarro de tomate triturado. En cuanto a los tomates pelados y enteros, uso las latas de la marca Ontario Natural, de procedencia local y con el certificado de producto ecológico.

PRODUCTOS DERIVADOS DE LA SOJA

Tofu firme o extrafirme de soja de cultivo orgánico

No utilizo demasiado el tofu en mis recetas pero, cuando lo hago, siempre es de la variedad firme o extrafirme porque prefiero esta consistencia. Cuida de que el tofu y los demás derivados de la soja que utilices provengan de la agricultura ecológica, no transgénica, siempre que te sea posible.

Advertencia sobre el prensado del tofu

Al prensar el tofu, escurrimos el agua que contiene y conseguimos un tofu de consistencia más densa y firme. Al cabo de un par de años de prensar el tofu utilizando como peso los libros de cocina, acabé por comprarme una prensa. ¡Me cambió la vida! Si consumes tofu con frecuencia, te recomiendo de verdad que inviertas en una prensa de tofu. Hace que la tarea del prensado sea tan cómoda y sencilla que te aseguro que vale la pena. Pero si no tienes una prensa de tofu, no te asustes; puedes prensarlo sin ella siguiendo las instrucciones de la página 297.

Edamame

Edamame (literalmente «pedúnculo») es el caprichoso nombre que se da en Japón a las vainas de soja todavía verdes. Se venden frescas o congeladas en las tiendas de comestibles —las congeladas, normalmente están ya hervidas o preparadas al vapor—. Las edamame son una fabulosa opción si buscas una fuente de proteínas completa y de cocción rápida para añadir a una dieta de tipo vegetal. Me encanta usarlas en ensaladas, salteados y aderezos.

Tempeh

El tempeh es un producto elaborado a base de soja fermentada; su sabor recuerda al de los frutos secos, con un toque ligeramente amargo. Esto último se puede corregir cocinándolo al vapor o con otros métodos culinarios. Por lo general, suele estar en la sección de alimentos refrigerados del supermercado, pero a veces lo encontramos también en la sección de congelados. Tiene forma rectangular y una superficie irregular, con altibajos, en comparación con la superficie lisa y uniforme de los bloques de tofu. A diferencia del tofu, no es necesario prensarlo antes de usarlo, debido a su bajo contenido en agua. No te alarmes si ves que el bloque de tempeh está salpicado de puntos blancos o presenta incluso algunas vetas negras (ambas son consecuencias normales del proceso de fermentación), pero ten cuidado si percibes cualquier coloración rosada, azulada o amarillenta, pues esto significará probablemente que se ha puesto malo.

He tardado bastante en descubrir las maravillas de este alimento, pero incluyo en este libro mi receta de tempeh favorita (mira el tempeh marinado en vinagreta balsámica de sirope y ajo, en la página 213). No sé si atreverme a decir que el tempeh puede cambiarte la vida. ¡Espero que acabe haciéndote descubrir también a ti sus maravillas!

Tamari sin trigo

El tamari es un tipo de salsa de soja, y normalmente no contiene gluten. Yo lo encuentro menos salado que la tradicional salsa de soja y con un sabor más complejo y dulce. Acuérdate de buscar en la etiqueta el certificado de que no contiene gluten, si no quieres consumir productos con gluten, y también de que procede de la agricultura ecológica y no contiene colorantes ni aromatizantes artificiales.

Si necesitas un producto alternativo que no sea un derivado de la soja, busca aminoácidos de coco, una salsa de sabor similar pero que no contiene soja. Otra opción es comprar tamari que no esté hecho de soja, como el de la marca South River. Yo suelo utilizar tamari bajo en sodio para mantener controlada la ingesta de sodio.

CHOCOLATE

Pepitas de chocolate negro

Es muy raro que en mi despensa no haya chocolate negro en uno u otro formato. No todas las pepitas de chocolate negro son veganas, pero muchas sí lo son. Acuérdate de leer atentamente la etiqueta para asegurarte de que no contienen productos lácteos. La marca que más suelo comprar es Enjoy Life; sus pepitas de chocolate no contienen soja, frutos secos, gluten ni lácteos, y son pepitas muy pequeñas, que es la variedad que más uso.

Cacao en polvo natural sin edulcorantes

Al estar hecho de granos de cacao tostados, el cacao natural en polvo (sin alcalinizar ni edulcorar) tiene un sabor amargo, y les da un intenso y delicioso sabor a chocolate a los horneados. Es muy acidificante, así que al combinarlo con el bicarbonato sódico (que es alcalino) produce una reacción que hace que los pasteles suban y se expandan. No se debe confundir el cacao natural en polvo con el cacao en polvo sometido al proceso holandés, un tipo de cacao al que se le ha agregado un solvente alcalino y que tiene por tanto un sabor más suave pero no produce la misma reacción al combinarlo con el bicarbonato sódico. Por eso, en las recetas no se puede sustituir el uno por el otro. Yo utilizo cacao en polvo natural sin edulcorantes en todas las recetas del libro que lo precisan.

OTROS

Levadura nutricional

La levadura nutricional les da un ligero sabor a queso y frutos secos a las recetas veganas; es rica en proteínas y normalmente está reforzada con vitaminas del complejo B. Es una forma inactiva de levadura y no se debe confundir con la levadura de fermentación que se usa para hacer subir el pan. Prueba a usar la levadura nutricional en salsas, aderezos y aliños y espolvoréala sobre las palomitas de maíz y el pan de ajo, o haz la vivificante salsa caliente para nachos (página 105) para quedarte de verdad con la boca abierta.

Bicarbonato sódico y levadura química sin aluminio

La levadura química sin aluminio no solo sabe mejor (no deja ese sabor metálico de fondo), sino que es también bueno saber que no me estoy metiendo en el cuerpo ese metal venenoso. Para comprobar si la levadura química está activa, mezcla ½ cucharadita (2 ml) en ¼ de taza (75 ml) de agua hirviendo. Si se forman burbujas, está activa. La levadura química tiene una caducidad de entre seis y doce meses. El bicarbonato sódico, en cambio, no contiene aluminio, así que normalmente puede comprarse de cualquier marca. Para probar si está activo, mezcla ½ cucharadita (2 ml) con un poco de vinagre. Si forma espuma y burbujea, es que está activo. El bicarbonato sódico tiene un plazo de caducidad mucho más largo, de unos tres años.

Arrurruz

El arrurruz, un polvo fino y blanco semejante al almidón, procede de la raíz de la planta tropical del arrurruz. Sirve de espesante en salsas y aderezos y tiene además la propiedad de ligar ingredientes, por lo cual resulta útil para asegurarnos el éxito final de aquellos horneados que no contienen gluten. Si no tienes arrurruz a mano, puedes sustituirlo por maicena.

Alga kombu seca

La kombu es un tipo de alga que se dice que favorece la digestión, al descomponer durante la cocción las enzimas que producen los gases. Aporta además a la comida los minerales que por naturaleza están presentes en el alga. Me gusta añadir desde el principio un trozo de kombu del tamaño del dedo gordo cuando cocino desde cero alubias, cereales y cualquier legumbre.

INGREDIENTES ÁCIDOS

Los ingredientes ácidos (fundamentalmente cítricos y vinagres) le aportan al plato un estupendo contraste y viveza e impiden que una comida resulte aburrida o insulsa. Los ácidos más comunes con los que cocino son el zumo de limón, el vinagre de sidra, el balsámico, el de arroz, el de vino tinto o blanco y el vinagre blanco. Procuro tenerlos todos en la despensa. Por su naturaleza acidificante, el vinagre tiene un período de caducidad muy largo y se conserva bien a temperatura ambiente.

Mis utensilios de cocina favoritos

Acontinuación, hago una lista de los utensilios y pequeños electrodomésticos de cocina que más uso para preparar mis recetas. No todos los que menciono son absolutamente necesarios, pero muchos de ellos me facilitan la vida a diario.

PROCESADOR DE ALIMENTOS O ROBOT DE COCINA

Tengo un procesador de alimentos Cuisinart de catorce tazas, y lo uso al menos una vez al día, por la cantidad de pruebas de recetas que hago. Para uso habitual, sin embargo, basta con una versión de menor tamaño. Yo lo empleo para hacer refrigerios energéticos, postres en crudo, cremas de frutos secos, salsas, pesto y muchas cosas más. Te recomiendo que utilices un procesador resistente cuando elabores, por ejemplo, cremas de frutos secos (mira la receta de la crema crujiente de almendras tostadas con sirope de arce y canela, en la página 309) para evitar que el motor se queme. El problema de los aparatos pequeños es que muchas veces no aguantan el tiempo de procesamiento necesario.

BATIDORA DE ALTA VELOCIDAD

Después de pasar por varias batidoras una detrás de otra en mi viaje a la salud, dije «¡basta!», e invertí en una batidora de vaso Vitamix 5200. Es una máquina cara, pero la inversión vale la pena. Otra marca de confianza en Blendtec; las dos son similares en calidad y capacidad de batido. Uso la batidora todos los días, para hacer batidos, zumos, sopas, y salsas, harinas y leche de almendras casera. Si no tienes una Vitamix, no te preocupes; la mayoría de las batidoras de alta velocidad te sacarán del apuro. Ten en cuenta simplemente que algunas batidoras quizá no trituren ciertas verduras, como la col rizada, o frutos, como los dátiles, hasta conseguir un puré tan suave y homogéneo como te gustaría.

TARROS DE VIDRIO PARA CONSERVAS

Tengo que admitir que no hago demasiadas conservas, pero me encanta usar tarros de vidrio para conservar los alimentos en la despensa y en el frigorífico. También sirven de divertidos vasos para los batidos (mira las páginas 79 a 89). Los tengo de una diversidad de tamaños, desde los pequeños de ½ taza (125 ml) hasta los de 2 litros, pasando por todos los tamaños intermedios. Ocurre como con los zapatos, por muchos que se tengan, ¡nunca están de más (ahora intenta explicárselo a mi marido)!

CUCHILLO CEBOLLERO Y CUCHILLO PARA PELAR

La verdad es que no sabía lo fácil que puede ser picar verduras hasta que me compré el primer cuchillo cebollero de calidad. Un buen cuchillo cebollero corta las verduras sin apenas tener que hacer presión. Usa este tipo de cuchillo para picar y trocear en general. El cuchillo para pelar es excelente para tareas más intrincadas, como pelar una naranja o quitarles las pepitas a los pimientos.

Te recomiendo que inviertas también en un afilador de cuchillos. Tener los cuchillos siempre afilados es una medida de seguridad, así que adopta el hábito de afilarlos con regularidad. Además, te sentirás un poco como el Zorro cuando lo hagas.

RALLADOR MICROPLANE PARA CÍTRICOS

Este fino rallador de mano te permitirá rallar los cítricos con auténtico arte y hacer virutas de chocolate como un chef profesional. Por supuesto que puedes usar también el clásico rallador de cuatro caras, pero el rallador Microplane es más fácil de manejar para toda clase de tareas delicadas. Me gusta también sorprender con él a los invitados, dejarlos boquiabiertos en la mesa rallando un poco de chocolate sobre sus postres.

BANDEJAS DE HORNO GRANDES CON BORDE

Las bandejas con borde alto para horno son ideales para asar hortalizas y garbanzos porque el borde impide que los alimentos caigan al suelo del horno y se quemen. Si detestas limpiar el horno, como me pasa a mí, tendrás mucho que agradecer a este tipo de placas. Busca el tamaño más grande que quepa en tu horno para que puedas llenarla de hortalizas.

Yo compro bandejas hechas de materiales no tóxicos ni contaminantes, por ejemplo de la marca Green Pans, que no llevan en su composición sustancias químicas como ácido perfluorooctanoico.

OLLA DE HIERRO FUNDIDO ESMALTADO

Otra inversión interesante que puedes hacer es en una olla de hierro fundido; no es barata, pero dura toda la vida (y más) si se cuida bien. El hierro fundido esmaltado tiene un revestimiento de material antiadherente no tóxico que distribuye con uniformidad el calor. Puedes usarla directamente sobre el fuego de gas y la placa eléctrica o también en el horno, lo cual la convierte en una pieza muy versátil.

Como suelen durar para siempre, estate al tanto de posibles ollas de segunda mano en los mercadillos y mercados de antigüedades.

SARTÉN DE HIERRO FUNDIDO

Una sartén de hierro fundido de entre 25 y 30 cm de diámetro es, por muy diversas razones, uno de los utensilios que más uso en la cocina. En primer lugar, aunque es un poco más cara que la sartén antiadherente común, si la cuidas como es debido no tendrás que reemplazarla por otra al cabo de cierto tiempo. En segundo lugar, al cocinar en sartenes de hierro fundido se desprende de ellas cierta dosis de este mineral, que se incorpora a la comida, lo cual puede ser muy interesante para los vegetarianos y veganos. Y por último, distribuye el calor por igual y sirve tanto para cocinar al fuego como en el horno.

Asegúrate de curar la sartén antes de usarla, si es necesario. Si la sartén que has comprado no viene ya curada, cubre ligeramente el fondo con aceite, métela en el horno y déjala aproximadamente una hora a 180 ºC. Después, sácala con cuidado y retira el aceite que quede con un papel absorbente de cocina; ¡ya está lista para usar! Cada vez que cocines algo con aceite en la nueva sartén de hierro fundido, se irá formando una pátina antiadherente. Una sartén bien curada acabará haciéndose completamente antiadherente y apenas si

necesitarás echarle unas gotas de aceite cuando la uses. Para limpiarla, enjuágala con agua caliente justo después de usarla.

Conviene no usar detergente para las sartenes de hierro fundido. Si hay algo de comida pegada a la sartén, retírala con suavidad usando un cepillo que no sea de metal, y luego sécala a base de pequeños toques con papel absorbente de cocina o un paño de cocina viejo (mejor si es de color oscuro, por si la sartén deja mancha).

PROCESADOR DE COCINA PEQUEÑO

Desde luego, no es un aparato imprescindible en la cocina, pero, por su pequeño tamaño, me encanta para tareas rápidas, como hacer un aliño para la ensalada o picar varios dientes de ajo al momento.

PELADOR JULIANA O CORTADOR DE VEGETALES EN ESPIRAL

Un pelador manual es una estupenda herramienta si quieres cortar en juliana hortalizas como el calabacín o la zanahoria. Mi pelador juliana preferido es de la marca Zyliss y cuesta menos de 10 euros.

Después de haberle sacado tanto partido al pelador juliana, di un paso más y me compré un cortador de vegetales en espiral, un pequeño utensilio manual para transformar verduras, como los calabacines, en fideos de tipo espagueti o tiras de tipo lazo. Lo uso sobre todo para los calabacines cuando llega el verano y quiero hacer platos de pasta cruda (mira la salsa de tomate con champiñones para fortalecer el sistema inmunitario, en la página 181). Es una manera formidable de disfrutar en verano de comidas crudas, más ligeras, sin tener que recurrir a la pasta hecha de cereal.

RODILLO PARA REPOSTERÍA

Un rodillo para repostería es un rodillo pequeño (normalmente no mide más de 12 cm de ancho) con un mango corto. Lo uso cuando hago las barritas energéticas Glo Bar (páginas 229 y 231) o en cualquier momento en que necesito estirar o comprimir una pequeña zona de masa para la que el rodillo habitual es demasiado grande.

CUCHARA CON MUELLE INTERIOR PARA EXTRAER BOLAS DE HELADO

Siempre que relleno de masa los moldes de magdalena o coloco sobre la placa del horno la masa de las galletas, uso una cuchara de las que sirven para extraer bolas de helado, hecha de acero inoxidable y de 30 ml de capacidad. Busca una que tenga muelle interior, porque ayuda a desprender la masa sin esfuerzo.

BATIDOR DE VARILLAS DE ACERO INOXIDABLE

Un batidor de varillas es una herramienta esencial en la cocina. Permite emulsionar a mano los ingredientes húmedos en un abrir y cerrar de ojos, además de deshacer con facilidad los grumos de harina, que se resisten a la mayoría de las cucharas de madera. ¡Me encantan mis cucharas de madera, pero a veces se necesita un toque de varillas!

BOLSA DE FILTRADO PARA PREPARAR LECHE VEGETAL

La primera bolsa que compré para hacer leche vegetal me cambió la vida. Gracias a ella, empecé a hacer leche de almendras casera (página 287). Me refiero a una bolsa de nailon de malla muy fina, hecha expresamente para retener la pulpa al elaborar leche vegetal o zumo de frutas casero. Es reutilizable (basta aclararla justo después de cada uso) y, al filtrar con ella los batidos líquidos, obtenemos una consistencia más fina que utilizando la gasa habitual. Si no quieres comprarla, puedes probar a poner la gasa sobre un colador de malla fina. Hay gente a la que le funciona.

TAMIZ DE MALLA FINA DE ACERO INOXIDABLE

Un tamiz fino es un colador grande de malla fina que tiene distintas utilidades. Yo lo uso para lavar bien los pequeños granos de quinoa o de mijo antes de cocinarlos y también para tamizar harina, cacao en polvo o azúcar glas. Se puede usar además para filtrar zumos caseros (página 93) si quieres conseguir una consistencia más suave.

Desayunos

Si hubiera escrito este libro hace cinco años, este capítulo de desayunos ni siquiera existiría. La razón es que durante gran parte de mi vida o me saltaba el desayuno del todo o tomaba unos pocos bocados de cualquier cosa. Afortunadamente —por el bien de este libro y del mío— ¡aquellos días quedan ya muy lejos! Una vez que adquirí el hábito de hacer desayunos sanos, no hubo vuelta atrás. No solo tengo más energía y estoy más productiva el día entero, sino que, cuando me despierto por la mañana, disfruto ante la perspectiva del suculento desayuno que me espera. Seamos realistas: ¡pasar hambre toda la mañana no es nada divertido! En primavera y verano, suelen apetecerme más los desayunos ligeros, como un batido (consulta el capítulo de «Batidos, zumos e infusiones»), los copos de avena veganos como por arte de magia (página 51) o las gachas de trigo sarraceno crudo para desayuno (página 67), mientras que en los meses más fríos prefiero desayunos que me calienten el cuerpo, como la tarta de manzana y avena (página 71). Si te gusta empezar el día con algo salado, te recomiendo que eches un vistazo a la receta del potente y sabroso tazón de avena con lentejas (página 69), el revuelto de tofu (página 55) y el crujiente pan plano de semillas y avena (página 73). Para un relajado desayuno en época de vacaciones, o un desayuno especial de fin de semana, los copos de avena al horno con manzana, pera y un toque de sirope y canela (página 61) ¡siempre hacen relamerse a una multitud hambrienta!

Copos de avena veganos como por arte de magia

- 1 taza (250 ml) de copos de avena sin gluten
- 1 ½ taza (375 ml) de leche de almendras
- ¼ de taza (60 ml) de semillas de chía
- 1 plátano grande hecho puré
- ½ cucharadita (2 ml) de canela molida

ACOMPAÑAMIENTOS:

- Frutas rojas variadas o fruta de otro tipo
- Bocados supremos de granola crujiente (página 53)
- Semillas de cáñamo
- Sirope puro de arce u otro edulcorante natural (opcional)

Sugerencias: si ves que los copos tienen una consistencia demasiado líquida incluso después de haber estado a remojo, simplemente añade una cucharada más (15 ml) de semillas de chía y deja la mezcla en el frigorífico hasta que haya espesado.

Si la mezcla de avena es demasiado espesa, añádele un poco de leche y remueve bien hasta combinarla.

Si quieres una versión de esta receta que no lleve avena, prueba la potente bomba helada de pudin de chía (página 239).

Para reforzar el contenido proteínico, añade un poco de polvo de proteínas que tenga buen sabor.

Estos copos de avena como por arte de magia son el arma secreta para el desayuno de la persona que va siempre con prisa, ya que bastan un par de minutos para prepararlos la noche anterior antes de irnos a dormir. Yo los hago de continuo; ¡qué alegría saber que están en la cocina esperándonos cuando nos levantamos! Cuando mezclamos copos de avena, semillas de chía y leche de almendras, las semillas de chía absorben la leche y los copos se ablandan, creando, así de fácil, unas gachas frías. Déjalas en el frigorífico por la noche y olvídate de ellas hasta la mañana; al levantarte encontrarás ya listo un tazón de copos de avena fríos y cremosos, ideal para la primavera o el verano. Esta es la receta básica que utilizo, pero puedes cambiar el tipo de fruta y otros acompañamientos según tus gustos.

3 raciones

Tiempo de preparación: 5 minutos | **Tiempo de reposo:** toda la noche

Sin gluten, sin aceite, crudo/sin hornear, sin azúcar, sin soja

1. En un cuenco pequeño, mezcla los copos de avena, la leche de almendras, las semillas de chía, el plátano y la canela. Cúbrelo y déjalo reposar en la nevera toda la noche para que espese.
2. Por la mañana, revuelve bien la mezcla para amalgamarla. Sirve los copos de avena en un tarro de vidrio o una copa de postre, alternándolos con capas de fruta fresca (por ejemplo, frutas del bosque variadas), granola o semillas de cáñamo y rocíalo todo con algún edulcorante natural, si lo deseas.

Bocados supremos de granola crujiente

- 1 taza (250 ml) de almendras crudas enteras
- ½ taza (125 ml) de nueces crudas partidas por la mitad o en trozos
- ¾ de taza (175 ml) de copos de avena sin gluten
- ½ taza (125 ml) de trigo sarraceno crudo en grano o copos de avena sin gluten
- 2/3 de taza (150 ml) de frutos secos variados (arándanos, orejones, cerezas, etc.)
- ½ taza (125 ml) de pepitas de calabaza crudas
- ¼ de taza (60 ml) de semillas de girasol crudas
- 1/3 de taza (75 ml) de coco rallado sin endulzar
- 2 cucharaditas (10 ml) de canela molida
- ¼ de cucharadita (1 ml) de sal marina fina
- ¼ de taza más 2 cucharadas (90 ml) de sirope puro de arce u otro edulcorante natural líquido
- ¼ de taza (60 ml) de aceite de coco, derretido
- 2 cucharaditas (10 ml) extracto de vainilla puro

Sugerencia: Si quieres hacer granola que no contenga nada de cereal, simplemente sustituye el trigo sarraceno en grano y los copos de avena por una taza más (250 ml) de frutos secos picados finos.

Acabé un poco mareada de tanto hacer pruebas, hasta dar con esta receta de granola. Quería crear algo que fuera de verdad especial, ¿entiendes?, distinto por completo de las recetas de granola que había probado hasta entonces, en las que los ingredientes quedaban siempre cada uno por su lado. Me había puesto como meta crear el bocado supremo de granola, compacto, jugoso y lleno de sabor. Mientras lo intentaba, mi marido y yo comimos granola hasta la saciedad durante semanas, pero al final conseguí hacer la granola perfecta. Me costó lo indecible, pero ¡alguien lo tenía que hacer!

Dos sugerencias para lograr que queden compactos: usa pulpa de almendras para ayudar a aglutinar los ingredientes y deja que la granola se enfríe por completo en la sartén antes de hacerla porciones. ¡Sé que es mucho pedir!, pero dejarla enfriar permite que los azúcares se endurezcan, y será menos probable que acabes con un desastre de ingredientes desperdigados. ¡Vale, rompe un trocito cuando saques la bandeja del horno!, pero deja que lo demás repose alrededor de una hora, y recibirás como recompensa unos bocaditos de tamaño y consistencia perfectos para acompañar a los copos de avena, cualquier cereal, postre o batido, o para comerlos solos como tentempié. Es una receta muy versátil, así que disfruta sustituyendo el tipo de fruto seco, semilla, fruta seca o edulcorante natural totalmente a tu capricho.

6 tazas (18 raciones de 1/3 de taza/75 ml)

Tiempo de preparación: 15 minutos | **Tiempo de cocción:** 38-45 minutos

Sin gluten, sin azúcar refinado, sin soja, opción sin cereal

1. Precalienta el horno a 140 ºC. Forra con papel vegetal una bandeja grande con borde para horno.
2. Echa media taza (125 ml) de las almendras en un procesador de alimentos y tritúralas durante unos 10 segundos,

hasta obtener una especie de sémola fina (de textura semejante a la arena). Pasa la almendra triturada a un recipiente.

3. Mezcla ahora en el procesador de alimentos la ½ taza (125 ml) de almendras restante y todas las nueces y tritúralas juntas durante unos 5 segundos, hasta que estén finamente picadas. Quedarán algunos trozos más grandes y otra parte convertida en una especie de sémola, y eso es precisamente lo que queremos. Añade la mezcla al recipiente de almendra granulada.

4. Agrega los copos de avena, el trigo sarraceno en grano, la fruta seca, las pipas de calabaza y de girasol, el coco rallado, la canela y la sal al recipiente y remueve todo para mezclarlo.

5. Añade al recipiente el sirope de arce, el aceite derretido y la vainilla sobre los ingredientes secos y remueve hasta que estén muy bien combinados.

6. Con una espátula, extiende la granola en una capa de 1 cm de alto sobre la bandeja de horno forrada y presiónala ligeramente para hacerla más compacta. Cuécela en el horno 20 minutos, y luego gira la bandeja y hornéala entre 18 y 25 minutos más, o hasta que la granola esté ligeramente dorada en el fondo y firme al tacto.

7. Deja enfriar la granola en la bandeja durante al menos 1 hora antes de romperla en pequeñas porciones.

8. Consérvala en un tarro de vidrio en el frigorífico, donde aguantará de 2 a 3 semanas, o en el congelador, si quieres que dure entre 4 y 5 semanas.

Revuelto de tofu con patatas a la francesa asadas y tostada de aguacate al rayar el alba

PARA LAS PATATAS ASADAS:
- 1 patata grande (tipo russet) sin pelar
- 1 boniato mediano, sin pelar
- 1 cucharada (15 ml) de polvo de arrurruz o maicena
- ¼ de cucharadita de sal marina fina
- 1 ½ cucharadita (7 ml) de aceite de coco o de pepitas de uva

PARA EL REVUELTO DE TOFU:
- 2 cucharaditas (10 ml) de aceite de oliva virgen extra
- 2 dientes de ajo, picados
- 2 chalotas cortadas en láminas finas o ½ taza (125 ml) de cebolla en dados
- 1 ½ taza (375 ml) de champiñones cremini en láminas
- 1 pimiento rojo de asar picado
- 2 tazas (500 ml) de hojas de col rizada, sin nervios ni tallos, o espinacas tiernas, picadas finas
- 1 cucharada (15 ml) de levadura nutricional (opcional)
- ¼ de cucharadita (1 ml) de pimentón ahumado
- 1 bloque de tofu firme
- ½ cucharadita (2 ml) de sal marina fina
- Pimienta negra recién molida
- ¼ de cucharadita (1 ml) de pimiento rojo seco en escamas (opcional)

PARA LA TOSTADA DE AGUACATE:
- Puré de aguacate
- 1 rebanada de pan tostado
- Aceite de linaza o de oliva virgen extra
- Sal marina fina y pimienta negra recién molida
- Pimiento rojo seco en escamas (opcional)

Este es un delicioso desayuno, para saborear con calma los fines de semana, entre cuyos ingredientes está el tofu. Si nunca has comido tofu, ¡te aseguro que sabe mucho mejor de lo que parece! El tofu desmenuzado y sazonado con especias, como el pimentón, y levadura nutricional constituye un fantástico sustituto (con alto valor proteínico) de los clásicos huevos revueltos. Hasta mi marido, Eric, se quedó sorprendido de lo mucho que le había gustado el desayuno. Nos encanta servirlo con patatas a la francesa asadas y tostada de aguacate los fines de semana, cuando queremos hacer un desayuno que nos deje el estómago satisfecho durante horas.

4 raciones

Tiempo de preparación: 25 minutos | **Tiempo de cocción:** 30-40 minutos
Sin gluten, sin frutos secos, sin azúcar, opción sin cereal

1. Haz las patatas asadas: precalienta el horno a 220 °C. Forra con papel vegetal una bandeja con borde para horno.
2. Corta la patata y el boniato en dados de 1 centímetro o incluso más pequeños. Cuanto más pequeños los trocees, antes se asarán.
3. En un recipiente grande, mezcla los dados de patata y boniato con el arrurruz y la sal y remueve bien. Añade el aceite de coco y mézclalo todo hasta que las patatas y el boniato estén bien impregnados.
4. Extiende los dados de patata y boniato formando una capa sobre la bandeja de horno forrada. Hornéalos durante 15 minutos y luego dales la vuelta y vuelve a introducirlos en el horno entre 15 y 25 minutos más, hasta que estén crujientes, de color dorado oscuro y tiernos (comprueba que puedan pincharse fácilmente con un tenedor).

5. Haz el revuelto de tofu: en un wok grande, mezcla el aceite, los ajos, las chalotas y los champiñones y saltéalos a fuego medio-alto entre 5 y 10 minutos, hasta que la mayor parte del líquido que desprenden los champiñones se haya consumido. Incorpora el pimiento rojo, la col rizada, la levadura nutricional (si vas a usarla) y el pimentón ahumado. Remueve bien y sigue salteándolo todo a fuego medio-alto.

6. Desmenuza o pica en trocitos pequeños el tofu y añádelo al wok. Remueve bien para mezclarlo todo. Baja el fuego a posición media y saltea la mezcla 10 minutos más. Sazónala con sal, pimienta negra y pimiento rojo seco en escamas, si lo deseas. Si la mezcla se secara en algún momento, puedes añadir una pizca de caldo vegetal para humedecerla y reducir el fuego si es necesario.

7. Haz la tostada de aguacate: extiende el puré de aguacate sobre la tostada. Rocíalo con un poco de aceite de linaza y espolvorea encima una pizca de sal, pimienta negra y escamas de pimiento rojo seco, si lo deseas.

8. Emplata las patatas y el boniato, el revuelto de tofu y la tostada. Sírvelo con un batido radiante como la luz del sol para combatir la gripe (página 87), un batido «la gloria de la mañana» (página 88) o un zumo de naranja, si lo deseas.

Sugerencias: los restos de revuelto de tofu están exquisitos como relleno de un pan de pita para un almuerzo rápido. Añádele un poco de salsa mexicana y aguacate, y ¡listo para comer!

Si prefieres una opción sin cereales, omite la tostada de aguacate. Puedes también hacer un cambio ingenioso y, para variar, sustituir las patatas por nabos.

Muesli de Bircher para sentirte como en un balneario

- 2 manzanas medianas peladas y sin corazón
- 1 taza (250 ml) de copos de avena sin gluten
- 1 taza (250 ml) de yogur de almendras o de coco
- 2 cucharadas (30 ml) de pipas de calabaza crudas
- 2 cucharadas (30 ml) de uvas pasas
- 2 cucharadas (30 ml) de arándanos secos

ACOMPAÑAMIENTOS:
- Fruta fresca de temporada
- Almendras fileteadas u otro fruto seco picado, tostados, si se prefiere
- Sirope puro de arce
- Canela

¿No hay veces en que te gustaría tomarte un día de relax absoluto y, en la comodidad de tu casa, sentirte como en un balneario? Bien, ¡pues ahora puedes hacerlo con este muesli de Bircher! Es un desayuno sano que te dejará el estómago satisfecho y que puedes preparar en solo unos minutos antes de irte a dormir. Luego, mientras te entregas a un sueño reparador, el muesli reposa en la nevera, dejando que el yogur ablande los copos de avena y que los sabores se fundan. El resultado es un tazón de copos de avena fríos, supercremosos y ligeramente dulces. Por la mañana, no tienes más que añadirle algún acompañamiento, y después siéntate cómodamente y mima tu salud con este delicioso desayuno. Puedes cambiar, por supuesto, los ingredientes según tus gustos; otros frutos secos, las nueces por ejemplo, podrían ser un fantástico sustituto de las almendras, o también las semillas de girasol, de chía o de lino. La fruta de temporada para mí es un ingrediente sine qua non, ya que le añade a la receta la cantidad justa de dulzor natural.

2 o 3 raciones

Tiempo de preparación: 10 minutos | **Tiempo de reposo:** toda la noche, o al menos 2 horas

Sin gluten, sin aceite, crudo/sin hornear, sin soja

1. Corta en dados una manzana y ralla la otra con un rallador de cuatro caras. Ponlas en un bol grande y añade los copos de avena, el yogur, las pipas de calabaza, las pasas y los arándanos. Remueve para mezclarlo todo bien.
2. Cubre el recipiente y déjalo en la nevera toda la noche, o al menos durante 2 horas, hasta que los copos se ablanden.
3. Sirve el muesli en un tazón, cubierto de fruta fresca, frutos secos, sirope de arce y una pizca de canela molida.
4. El muesli sobrante se conservará en un contenedor hermético en la nevera entre 3 y 4 días.

Copos de avena al horno con manzana, pera y un toque de sirope y canela

- 2 ¼ tazas (565 ml) de copos de avena sin gluten
- 2 cucharadas (30 ml) de azúcar de coco, azúcar natural de caña o azúcar moreno
- 2 cucharaditas (10 ml) de canela molida
- 1 cucharadita (5 ml) de levadura química en polvo
- ½ cucharadita (2 ml) de jengibre rallado
- ½ cucharadita (2 ml) de sal marina fina
- ½ cucharadita (2 ml) de nuez moscada recién rallada o ¼ de cucharadita (1 ml) de nuez moscada molida
- 2 tazas (500 ml) de leche de almendras sin endulzar
- ½ taza (125 ml) de compota fina de manzana sin endulzar
- ¼ de taza (65 ml) de sirope puro de arce
- 2 cucharaditas (10 ml) de extracto puro de vainilla
- 2 manzanas, peladas y cortadas en dados
- 1 pera madura, pelada y cortada en dados
- ½ taza (125 ml) de nueces picadas (opcional)

Los copos de avena al horno son uno de mis desayunos favoritos para fines de semana relajados. Esta combinación de manzana, pera y especias inspirada en el otoño te calentará el cuerpo en las mañanas frías. Intenta usar una manzana de las utilizadas para tartas, Granny Smith, por ejemplo, y otra de una variedad más dulce, como Gala; el contraste de ambos sabores es estupendo. Me encanta servir este plato como parte de un abundante desayuno-almuerzo en época de vacaciones; siempre es un éxito. Para ahorrar tiempo, cuando metas la mezcla en la nevera para que repose durante la noche, déjala preparada ya en una cazuela o fuente de horno; así, cuando te levantes, lo único que tendrás que hacer es encender el horno y colocarla dentro (lee la sugerencia de la página 62). Esta receta sirve también de sano refrigerio para tomar sl mediodía o de postre, acompañada de una porción de nata de coco montada (página 292). Si quieres introducir algún cambio, prueba a sustituir las manzanas por dos plátanos maduros grandes y la pera, por 1 ½ taza (375 ml) de arándanos.

6 raciones

Tiempo de preparación: 25 minutos | **Tiempo de cocción:** 35-45 minutos

Sin gluten, sin aceite, sin azúcar refinado, sin soja

1. Precalienta el horno a 190 °C. Engrasa ligeramente una fuente o cazuela de 2 o 2,5 litros de capacidad aptas para horno.
2. En un bol grande, pon los copos de avena, el azúcar, la canela, la levadura en polvo, el jengibre, la sal y la nuez moscada. Mézclalos bien.

3. En un cuenco aparte, pon la leche de almendras, la compota de manzana, el sirope de arce y la vainilla y remueve bien hasta crear una mezcla homogénea.

4. Vierte esta mezcla líquida sobre la mezcla de los copos de avena y remuévelo todo hasta que se unifique. Obtendrás una mezcla con la consistencia de una sopa densa. Incorpora las manzanas y la pera troceadas.

5. Distribuye la mezcla final en la cazuela o fuente para horno que tienes preparada y alisa la superficie. Esparce encima las nueces (si vas a usarlas) y presiónalas ligeramente con las manos para que se hundan en la mezcla de avena.

6. Hornéala, sin tapar, entre 35 y 45 minutos, o hasta que la avena forme burbujas en las esquinas y las manzanas estén tiernas al pincharlas con un tenedor.

7. Deja enfriar la avena de 5 a 10 minutos antes de servirla. Prueba a añadirle un chorrito de leche de almendras y a rociarla con un poco de sirope de arce, si quieres.

8. Deja que la avena se enfríe por completo antes de envolverla y colocarla en un contenedor hermético. Se conservará en la nevera de 5 a 6 días, o en el congelador de 2 a 3 semanas.

Sugerencias: Puedes saborear este desayuno tanto caliente como frío. Es reconfortante comerlo caliente en una mañana fría, pero también sabe de maravilla recién sacado de la nevera.

Para ahorrar tiempo por la mañana, deja la avena prepára la víspera. Cubre la fuente y deja que la avena sin cocinar repose en el frigorífico toda la noche. Por la mañana, enciende el horno y, mientras se calienta, deja que la avena se temple sobre la encimera. Destápala y remueve la mezcla de avena con suavidad para redistribuir la leche. Alisa la superficie, si es necesario, y hornéala como se indica.

Exquisitos dónuts energéticos de chía

- ¾ de taza (175 ml) de harina de avena sin gluten
- ½ taza (125 ml) de semillas de chía
- 1 ½ cucharadita (7 ml) de levadura en polvo
- ¼ de cucharadita (1 ml) de sal marina fina
- ¼ de cucharadita (1 ml) de canela molida
- 1/3 de taza (75 ml) de sirope puro de arce u otro edulcorante natural líquido
- 1/3 de taza (75 ml) de leche vegetal
- 1 cucharadita (5 ml) de extracto puro de vainilla
- Nata montada de coco y limón (página 292), para servir

Esta receta es la prueba de que no todos los dónuts tienen que ser forzosamente poco saludables.

Estos dónuts al horno, repletos de ácidos grasos omega-3, proteínas y fibra, te harán sentirte listo para conquistar el día (¿o el mundo?).

A diferencia de los dónuts fritos, esponjosos y grasientos, estos nos dejan saciados, no hinchados, y tienen una consistencia densa y un poco crujiente, gracias a la generosa cantidad de semillas de chía que llevan. Yo les he añadido una irresistible, pero sana, nata montada de coco y limón, pero es completamente opcional. Son igual de sabrosos servidos solos que untados de mermelada y crema de frutos secos. Júzgalo por ti mismo.

6 dónuts

Tiempo de preparación: 10 minutos | **Tiempo de cocción:** 22-26 minutos

Sin gluten, sin frutos secos, sin aceite, sin soja, sin azúcar refinado

1. Precalienta el horno a 150 °C. Engrasa ligeramente con aceite un molde de seis huecos para rosquillas grandes. Reserva.
2. En un recipiente grande, mezcla la harina de avena, las semillas de chía, la levadura en polvo, la sal y la canela.
3. Añade a la mezcla el sirope de arce, la leche, la vainilla y remuévelo todo bien. La masa tendrá una consistencia líquida; no te preocupes, es normal.
4. Vierte la mezcla en el molde que tienes preparado, llenando hasta el borde cada cavidad.
5. Hornea los dónuts entre 22 y 26 minutos, hasta que estén firmes al tacto. Si los pinchas con un palillo, este debería salir limpio.

6. Deja enfriar los dónuts en el molde alrededor de 10 minutos y luego voltea el molde con cuidado sobre una rejilla. Deberían desprenderse con facilidad; si no es así, deja que se enfríen un poco más y, con delicadeza, pásales un cuchillo para mantequilla alrededor de los bordes para desprenderlos. Deja que se enfríen del todo sobre la rejilla.

7. Rocíalos con nata montada de coco y limón y disfruta. También puedes dejar la nata montada en un tarro y usarla al momento si quieres llevarte los dónuts de viaje.

Sugerencia: si no tienes un molde expresamente para rosquillas, no te preocupes; ¡un molde para magdalenas hará el mismo papel!

Gachas de trigo sarraceno crudo para desayuno

- 1 taza (250 ml) de trigo sarraceno en grano
- ½ taza (125 ml) de leche de almendras
- 1 cucharada (15 ml) de semillas de chía
- ½ cucharadita (2 ml) de extracto puro de vainilla
- 2 cucharadas (30 ml) de edulcorante natural líquido
- ½ cucharadita (2 ml) de canela molida

ACOMPAÑAMIENTOS OPCIONALES:

- Fruta fresca o seca
- Nueces picadas y semillas
- Mermelada mágica de semillas de chía (página 299)
- Crema de frutos secos o de semillas
- Coco rallado tostado sin endulzar
- Bocados supremos de granola crujiente (página 53)
- Semillas de chía o semillas de lino molidas

Esta es posiblemente una de mis recetas favoritas para desayuno (¡vale, es verdad que tengo muchas!) y una de las más populares en mi blog. El trigo sarraceno puesto a remojo no solo es más digestivo, sino que además se ablanda y se mezcla más fácilmente con la leche de almendras, un poco de edulcorante natural, la vainilla y la canela para crear unas deliciosas gachas sin cocción. Si necesitas preparar rápidamente un desayuno para llevártelo de viaje o al trabajo, simplemente pon una porción de gachas en un tarro, añádele los acompañamientos que prefieras, ponle la tapa y llévatelo contigo. O mejor todavía, déjalo preparado la noche anterior para que, por la mañana, no tengas más que cogerlo al salir. ¡Ya no tienes excusa para saltarte el desayuno!

2 raciones

Tiempo de preparación: 10 minutos | **Tiempo de remojo:** toda la noche

Sin gluten, sin aceite, crudo/sin hornear, sin soja, sin azúcar refinado

1. Pon el trigo sarraceno en grano en un cuenco pequeño y añádele agua hasta cubrirlo. Déjalo a remojo toda la noche, o al menos 1 hora, a temperatura ambiente. Los granos de trigo sarraceno tendrán una textura un poco viscosa después del remojo. Escúrrelos en un colador y enjuágalos con abundante agua; esto ayudará a eliminar la capa gelatinosa que se forma sobre el trigo cuando se remoja.
2. Vierte los granos de trigo en una batidora y añade la leche de almendras, las semillas de chía y la vainilla. Bátelo todo junto hasta que forme una mezcla casi homogénea. Añade el edulcorante natural y la canela y vuelve a batir unos segundos, solo para combinarlos con la mezcla.
3. Reparte las gachas en tazones o copas de postre y añade los acompañamientos que más te gusten.
4. Los restos se conservarán en la nevera de 3 a 4 días.

Potente y sabroso tazón de avena con lentejas

- 1/3 de taza (75 ml) de copos de avena sin gluten
- ¼ de taza (60 ml) de lentejas coral
- 1 ½ o 1 ¾ de taza (entre 365 y 425 ml) de caldo vegetal
- 1 diente pequeño de ajo, picado (opcional)
- 1 chalota pequeña, picada, o 2 o 3 cucharadas (de 35 a 45 g) de cebolla picada (opcional)
- Sal marina fina y pimienta negra recién molida, al gusto

ACOMPAÑAMIENTOS OPCIONALES:

- Lonchas de aguacate
- Salsa mexicana
- Cebolleta picada
- Hummus clásico (página 111)
- Galletas saladas
- Tomates cherry

Sugerencia: si prefieres una versión sin cereal, sustituye los copos de avena por un tercio de taza adicional (75 ml) de lentejas coral.

Si pensar en empezar la mañana con algo dulce te revuelve el estómago, esta receta quizá sea justamente tu aliada. Si hasta ahora nunca has comido copos de avena salados, te ruego que los pruebes. Para reforzar el contenido proteínico de esta receta, suelo añadir lentejas a los copos de avena. Las lentejas coral son ultrarrápidas de cocinar, así que es muy fácil incorporarlas a los copos de avena habituales, y las proteínas que contienen te dejarán satisfecho y lleno de energía la mañana entera como ningún otro plato. Puedes añadir cualquier ingrediente salado que te apetezca, pero a mí me gustan especialmente con hummus, salsa mexicana, galletas saladas, aguacate y tomates cherry. ¡Es divertido elaborar distintos tazones de copos energéticos según el humor del que estés! Y si te resulta imposible enfrentarte a un plato salado como este a primera hora de la mañana, puedes saborear la receta como almuerzo, fácil y rápido de preparar, en días fríos.

2 raciones

Tiempo de preparación: 10 minutos | **Tiempo de cocción:** 8-12 minutos

Sin gluten, sin frutos secos, sin aceite, sin soja, sin azúcar, opción sin cereal

1. En un cazo mediano, junta los copos de avena, las lentejas, el caldo, el ajo y la chalota. Lleva la mezcla a ebullición y déjala hervir a fuego medio-alto unos minutos; luego reduce el fuego a posición media-baja y deja que hierva suavemente, sin tapar, entre 8 y 12 minutos, o hasta que haya espesado. Sazónala con sal y pimienta al gusto.
2. Sirve la avena con lentejas en un cuenco, después añádele los acompañamientos que desees y ¡buen provecho!
3. Guarda lo que sobre en un contenedor hermético. Se conservará en la nevera de 2 a 3 días. Para recalentarlo, añade a los copos con lentejas un poco de caldo vegetal y caliéntalos en un cazo pequeño a fuego medio-bajo.

Tarta de manzana y avena

- 1/3 de taza (75 ml) de copos de avena sin gluten
- 1 manzana Gala mediana, pelada, sin corazón y picada en trozos de 2,5 cm
- 1 cucharada (15 ml) de semillas de chía
- ½ taza (125 ml) de compota fina de manzana sin endulzar
- 1 taza de leche de almendras
- 1 cucharadita (5 ml) de canela molida, más la necesaria para servir
- ¼ de cucharadita (1 ml) de jengibre rallado
- Una pizca de sal marina fina
- ½ cucharadita (2 ml) de extracto puro de vainilla
- 1 cucharada (15 ml) de sirope puro de arce, al gusto, más el necesario para servir
- 1 cucharada (15 ml) de nueces picadas, para servir
- 1 cucharada (15 ml) de semillas de cáñamo, para servir
- Una pizca de coco rallado sin endulzar, para servir

Esta voluminosa tarta de avena y manzana te recordará a una deliciosa tarta de manzana, pero te dejará rebosante de energía y listo para afrontar con ánimo la jornada. Me gusta usar manzanas Gala en esta receta, pero puedes usar tranquilamente la variedad que prefieras.

1 ración

Tiempo de preparación: 15 minutos | **Tiempo de cocción:** 8-12 minutos

Sin gluten, sin aceite, sin azúcar refinado, sin soja

1. En un cazo mediano, puesto a fuego medio, junta los copos de avena, la manzana, las semillas de chía, la compota de manzana, la leche de almendras, la canela, el jengibre y la sal. Remueve bien con las varillas para combinarlo todo. Lleva la mezcla a ebullición a fuego medio. Luego, déjala hervir suavemente de 8 a 10 minutos, removiendo con frecuencia.
2. Cuando la mezcla haya espesado y el líquido se haya absorbido, retira el cazo del fuego e incorpora la vainilla y sirope de arce al gusto.
3. Vierte la avena en un tazón y cúbrelo de nueces picadas, semillas de cáñamo, una pizca de canela, una pizca de coco rallado y un chorrito de sirope de arce.

Crujiente pan plano de semillas y copos de avena

PARA LA CUBIERTA DE SEMILLAS:

- 4 cucharaditas (20 ml) de pipas de calabaza crudas
- 1 cucharada (15 ml) de semillas de girasol crudas
- ½ cucharadita (2 ml) de semillas de chía
- ½ cucharadita (2 ml) de semillas de sésamo
- Herbamare (sal de hierbas aromáticas) o sal marina fina, para espolvorear

PARA EL PAN PLANO:

- ¾ de taza (175 ml) de copos de avena sin gluten
- ½ taza (125 ml) de trigo sarraceno crudo en grano
- ¼ de taza (60 ml) de semillas de girasol crudas
- 1 cucharada (15 ml) de semillas de chía
- 1 ½ cucharadita (7 ml) de azúcar granulado
- 1 cucharadita (5 ml) de orégano seco
- ¼ de cucharadita (1 ml) de tomillo seco
- ¼ de cucharadita (1 ml) de levadura química en polvo (tipo Royal)
- ¼ de cucharadita (1 ml) de ajo en polvo
- ¼ de cucharadita (1 ml) de sal marina fina
- 1 taza (250 ml) de leche vegetal sin edulcorantes ni aromatizantes
- 1 cucharada (15 ml) de aceite de coco, derretido, o aceite de oliva

No solo es este un pan plano sin gluten —y sin levadura propiamente dicha—, sino que puedes elaborarlo en solo unos minutos. Este pan plano, sin ningún parecido con el pan ligero y esponjoso, es denso, lo bastante firme como para entrar con facilidad en la tostadora, y te dejará una agradable sensación de saciedad. Las semillas le dan un fantástico toque crujiente, además de añadirle grasas saludables y darle una consistencia deliciosa de masticar. Una porción grande tiene 8 g de proteínas y 6 g de fibra, ¡lo cual hace de él un pan que te dará energía para el día entero! Prueba a tostar una rebanada y extender sobre ella aguacate, hummus y tomate si te apetece algo salado, o saboréalo con crema de frutos secos y mermelada para empezar el día.

4 raciones

Tiempo de preparación: 10 minutos | **Tiempo de cocción:** 25-30 minutos

Sin gluten, sin frutos secos, sin soja

1. Precalienta el horno a 180 °C. Engrasa ligeramente una fuente cuadrada de 2,5 l de capacidad (unos 23 cm de lado) y fórrala con dos trozos de papel vegetal de cocina, cada uno en un sentido.

2. Prepara la cubierta de semillas: en un cuenco pequeño, junta las pipas de calabaza con las semillas de girasol, de chía y de sésamo y mézclalas bien. Resérvalas.

3. Haz el pan plano: en una batidora de alta velocidad, tritura juntos los copos de avena y el trigo sarraceno en grano de 5 a 10 segundos, hasta formar una harina.

4. En un recipiente grande, mezcla la harina de avena y trigo sarraceno, las semillas de girasol y de chía, el azúcar, el orégano, el tomillo, la levadura química en polvo, el ajo en polvo y la sal. Bátelo todo con las varillas hasta que quede bien mezclado.

5. Añade la leche y el aceite a los ingredientes anteriores y remueve muy bien hasta que no quede ningún grumo. Vierte de inmediato la masa en el molde que tienes preparado y alísala con una espátula.

6. Espolvorea sobre la masa la cubierta de semillas que tienes preparada y el Herbamare. Presiona ligeramente las semillas con las manos para que se adhieran a la masa.

7. Hornéalo entre 25 y 30 minutos, sin tapar, hasta que el pan plano esté firme al tacto.

8. Déjalo enfriar en el molde colocado sobre una rejilla durante 15 minutos. A continuación, sácalo del molde y colócalo sobre una encimera limpia. Con un cortador de pizza, divídelo en 4 cuadrados (o los que quieras).

9. Guárdalo en un contenedor hermético en la nevera, donde se conservará un máximo de 2 días. También puedes congelarlo, y durará hasta 2 semanas.

Sugerencia: este pan está estupendo tostado. Antes de meterlo en el tostador, retira con unos golpecitos suaves las semillas que estén sueltas para impedir que caigan dentro del tostador y se quemen. ¡Me encanta comerme esta tostada con crema de semillas de girasol y mermelada!

Batidos, zumos e infusiones

Empecé a experimentar con los batidos en 2009, después de que a Eric y a mí nos regalaran para nuestra boda, entre otras cosas, una batidora. En aquel tiempo, yo no era lo que se dice una entusiasta de los batidos, así que tardé varios meses hasta en abrir la caja; pero, una vez que la abrí, me enganché a ellos. ¡Cómo iba a imaginar entonces que una batidora marcaría la pauta para un enorme cambio de dieta! Empecé a echar dentro del vaso de la batidora toda clase de frutas, verduras y otras hortalizas; y lo que saliera, me lo bebía, por poco apetitoso que fuera. Algunas combinaciones eran estupendas, y otras no tanto. Por suerte, mis dotes para hacer batidos fueron mejorando con el tiempo y descubrí también lo fácil que era consumir varias raciones de fruta y verdura en una sola bebida. Sigo creyendo que no hay manera mejor (ni más rápida) de darle al cuerpo toda una serie de nutrientes de una sola vez.

Un poco de preparación previa ayuda a agilizar la elaboración de batidos. Una vez a la semana, pelo, corto y congelo varios plátanos para tenerlos listos en el momento que los necesito. Puedes dejar preparadas y congeladas también otras frutas—por ejemplo, mango, frutos rojos o piña— para disponer siempre de ellas al instante, o también comprarla ya congelada, para ahorrar tiempo. Otro paso que supone un ahorro de tiempo es lavar grandes cantidades de verdura (por ejemplo, col rizada y espinacas) y luego congelarlas, para que se mantengan frescas y tenerlas listas cuando las necesites.

Me encanta tomarme un batido todos los días sin excepción, y no puedo imaginarme la vida sin ellos. Ya tengas también esta adicción a los batidos, seas amante de los zumos o te inclines por las infusiones, encontrarás algo que sea de tu gusto en este capítulo, que incluye desde el regocijante batido de chocolate (página 83) hasta el té verde de cítricos estimulante del metabolismo (página 95). ¡Un brindis por una radiante salud de hierro!

Monstruo verde clásico

- 1 taza (250 ml) de leche de almendras u otra leche vegetal
- 1 taza (250 ml) de hojas de col rizada (solo la parte verde) o espinacas tiernas
- 1 plátano maduro, pelado y congelado
- 2 o 3 cubitos de hielo
- 1 cucharada (15 ml) de crema de almendras o de cacahuetes
- 1 cucharada (15 ml) de semillas de chía o semillas de lino molidas
- ¼ de cucharadita (12 ml) de extracto puro de vainilla
- Una pizca de canela molida
- Proteína en polvo (opcional)

Sugerencias: es realmente fácil preparar dos tandas de batido y dejar la cantidad sobrante en un tarro en la nevera para el día siguiente.

O puedes preparar el batido la víspera y guardarlo en el frigorífico para tomártelo por la mañana. Yo a veces lo hago, si sé que me espera una mañana apretada o si tengo invitados en casa. A nadie le gusta que le despierte el ruido de una Vitamix, y esto incluye a mi gato.

Para elaborar esta receta sin frutos secos, usa leche de coco y crema de semillas de girasol, en vez de leche de almendras y crema de frutos secos.

Añadir verduras a los batidos está de moda en la actualidad, pero cuando yo empecé a añadir espinacas a mis batidos en 2009, muchos lectores de mi blog, miembros de mi familia y compañeros de trabajo estaban entre espantados e intrigados por aquellos brebajes de aspecto siniestro que me daban tanta energía. No voy a engañarte, la pinta de los primeros experimentos que hice daba un poco de miedo; de ahí lo de «monstruos verdes». Pero con el tiempo, empecé a conseguir mezclas deliciosas, a publicarlas en mi blog y a contar lo buenas que estaban. Nunca hubiera imaginado que los monstruos verdes acabarían causando tal sensación. Todavía en la actualidad, siguen siendo una de mis bebidas favoritas para tener una piel reluciente y energía a raudales. Si estás a punto de estrenarte, te sugiero que empieces usando espinacas tiernas, pues no se llega a detectar su sabor, pero te animo también a que experimentes con col rizada, lechuga romana u otras hortalizas de hoja verde. Suelen vender, además, mezclas de hojas verdes envasadas en la sección de frutas y hortalizas, que son también una buena opción. Solo asegúrate de usar una batidora potente y de alta velocidad.

Y si no te seduce la idea de beberte algo de color verde, simplemente añádele a este batido ½ taza (125 ml) de arándanos frescos o congelados para darle un precioso tono púrpura.

1 batido (de 1 ½ a 2 tazas/de 375 a 500 ml)

Tiempo de preparación: 5 minutos
Sin gluten, sin aceite, crudo/sin hornear, sin azúcar, sin soja, sin cereal, opción sin frutos secos

1. En una batidora de vaso bate todos los ingredientes hasta conseguir una mezcla homogénea.
2. Sirve el batido de inmediato y ¡disfruta de un arranque de energía a cualquier hora del día!

Un reluciente monstruo verde llamado mojito

- ½ taza (125 ml) de dados de sandía (opcional, pero recomendado)
- 1 a 1 ½ taza (250 a 365 ml) de espinacas tiernas o cualquier otra verdura de hoja
- 1 manzana dulce grande (tipo Gala o Honeycrisp)
- 3 cucharadas (45 ml) de aguacate
- 1 o 2 cucharadas (15 a 30 ml) de zumo de lima recién exprimido, al gusto
- 5 a 10 hojas de menta, al gusto
- 5 cubitos de hielo grandes

Sugerencia: si usas agua corriente en vez de agua de coco, quizá quieras añadir a tu batido un poco de edulcorante natural líquido para compensar la falta de dulzor.

Este energizante batido, con el delicioso sabor de la menta, la cremosidad del aguacate y el toque estimulante de la lima, es el refresco perfecto para convencer a cualquiera que se muestre reacio a los batidos verdes. Invita a casa a tus amigos, sirve una tanda doble o triple de este monstruo verde y brindad por una energía y una salud relucientes. Y si tienes ganas de marcha, añádele un poco de agua con gas (o, si quieres, un poco de ron blanco) para crear una alternativa al mojito clásico.

1 batido (3 tazas/750 ml)

Tiempo de preparación: 5 minutos

Sin gluten, sin aceite, crudo/sin hornear, sin soja, sin azúcar, sin cereal, sin frutos secos

1. Congela los dados de sandía (si decides usarla) la víspera o hasta que tengan la consistencia de cubitos de hielo.
2. En una batidora de alta velocidad, echa todos los ingredientes y bátelos hasta conseguir una consistencia suave y homogénea. Viértelo en un vaso y ¡brinda por las bebidas verdes!

Regocijante batido de chocolate

- 2 tazas (500 ml) de leche de almendras
- ¼ de taza (60 ml) de aguacate
- 2 cucharadas (30 ml) de cacao en polvo sin endulzar
- 1 cucharadita (5 ml) de extracto puro de vainilla
- Una pizquita de sal marina fina
- 4 a 6 dátiles Medjool medianos sin hueso, al gusto
- 4 a 6 cubitos de hielo
- ¼ de cucharadita (12 ml) de café exprés molido (opcional)

Sugerencias: en vez de los cubitos de hielo habituales, prueba a usar para este batido cubitos de café helado; ¡le aportan un increíble sabor a moca que podría competir con una popular bebida de una de esas elegantes cafeterías de moda!

Si te ha sobrado aguacate, lo puedes congelar de 1 a 2 semanas y usarlo para futuros batidos.

Si los dátiles están un poco duros, acuérdate de ponerlos a remojo en un cuenco de agua para que se ablanden antes de usarlos.

Si quieres una versión del batido sin frutos secos, sustituye la leche de almendras por una leche vegetal que no esté hecha de frutos secos (de coco, por ejemplo).

DE DELANTE ATRÁS:
Batido para ratones de gimnasio, regocijante batido de chocolate y batido aterciopelado de tarta de calabaza

¡Hay algo que nos eleve el ánimo tanto como el chocolate? ¡Yo creo que no! Además, el aguacate le da a este batido una consistencia cremosa y agradable a la vez que le añade grasas saludables y lo hace más energético. Hice infinidad de pruebas de este batido hasta conseguir la consistencia y el sabor justos que buscaba, y el ¼ de taza (60 ml) de aguacate le dio el punto de perfección. De todos modos, si no eres muy amante del aguacate, puedes sustituirlo tranquilamente por un plátano congelado. Este batido de color marrón claro disimula además bastante bien el color de las espinacas, así que, si quieres «esconder» alguna hoja verde en él, ¡adelante, echa un puñado! Tus hijos —o tu pareja— probablemente no se darán cuenta. (Si en vez de estar leyendo, esto fuera un libro de audio, me oirías carcajearme ahora.) Para modificar el batido, añádele 1 cucharada (15 ml) de crema de cacahuete o de almendras.

2 batidos (2 tazas/500 ml)

Tiempo de preparación: 5 minutos

Sin gluten, sin aceite, crudo/sin hornear, sin soja, sin azúcar, sin cereal, opción sin frutos secos

1. En una batidora de vaso de alta velocidad, mezcla la leche de almendras, el aguacate, el cacao en polvo y la vainilla y bátelo todo a velocidad alta hasta que la mezcla tenga una consistencia fina.
2. Añade la sal, los dátiles sin hueso, el hielo y el café exprés (si decides usarlo). Bate de nuevo hasta que quede suave.

Batido aterciopelado de tarta de calabaza

- 1 taza (250 ml) de leche de almendras
- 2 cucharadas (30 ml) de copos de avena sin gluten
- ½ taza (125 ml) de puré de calabaza en conserva
- ½ a 1 cucharadita (2 a 5 ml) de melaza de caña, al gusto
- ½ plátano grande, congelado
- 1 cucharadita (5 ml) de canela molida, más la necesaria para servir (opcional)
- ¼ de cucharadita (12 ml) de jengibre rallado
- Una pizca (0,5 ml) de nuez moscada recién rallada
- 4 o 5 cubitos de hielo
- 1 cucharada (15 ml) de sirope puro de arce
- Nata de coco montada (mira la página 292), para servir (opcional)

Sugerencias: si ves que a la batidora le cuesta deshacer los copos de avena, échalos en el vaso de la batidora junto con la leche, remuévelos y déjalos reposar de 10 a 15 minutos para que se ablanden. Luego sigue las instrucciones del batido como se indican. Esto ayudará a que la mezcla se bata con más facilidad.

Si prefieres una versión sin cereal, omite los copos de avena.

Si quieres una versión sin frutos secos, sustituye la leche de almendras por algún tipo de leche vegetal que no esté hecha de frutos secos (leche de coco, por ejemplo).

Todos los otoños cuando llega octubre, me entra la fiebre de la calabaza, que me dura aproximadamente dos meses, y luego el resto del año no quiero saber nada más de ella. ¡Pobre y dulce calabaza! Mientras me dura la pasión, no me canso de este irresistible batido de tarta de calabaza. Gracias a que cada ración lleva nada menos que ½ taza (125 ml) de calabaza, este batido, además de su delicioso sabor a tarta de calabaza, nos aporta una buena dosis de vitaminas A y C, además de cantidad de fibra. La calabaza fresca cocinada, moscada o de invierno, también queda estupenda en este batido, así que úsala fresca en vez de en conserva si dispones de ella.

1 batido (2 tazas/500 ml)

Tiempo de preparación: 10 minutos

Sin gluten, sin aceite, crudo/sin hornear, sin soja, sin azúcar refinado, opción sin cereal, opción sin frutos secos

1. En una batidora de vaso de alta velocidad, mezcla la leche de almendras, los copos de avena, la calabaza, la melaza de caña, el plátano, la canela, el jengibre y la nuez moscada. Bátelo todo junto a velocidad alta hasta conseguir una consistencia suave. Añade los cubitos de hielo y bate de nuevo hasta que el batido adquiera una temperatura helada.
2. Añade el sirope de arce y bate brevemente para mezclarlo todo bien.
3. Sírvelo cubierto de nata de coco montada y espolvoréale canela, si lo deseas.

Batido para ratones de gimnasio

- 1 taza (250 ml) de leche de almendras
- 2 cucharadas (30 ml) de copos de avena sin gluten
- 2 o 3 dátiles Medjool sin hueso, al gusto
- 1 cucharada (15 ml) de semillas de chía
- 1 cucharada (15 ml) de crema de cacahuete o de almendras
- ¼ a ½ cucharadita (1 a 2 ml) de canela molida, al gusto
- ¼ de cucharadita (1 ml) de extracto puro de vainilla
- 4 o 5 cubitos de hielo

Sugerencias: si ves que a la batidora le cuesta hacer puré los copos de avena y los dátiles, ponlos en el vaso de la batidora junto con la leche de almendras, remueve, y déjalos reposar de 10 a 15 minutos para que se ablanden. Luego, sigue las instrucciones que se indican sobre estas líneas. Verás que el remojo ayuda a que la mezcla se bata con más facilidad y a obtener una textura más suave y uniforme.

Si quieres una opción sin cereal, omite los copos de avena.

Si prefieres una versión sin frutos secos, reemplaza la leche de almendras por una vegetal que no esté hecha de frutos secos (leche de coco, por ejemplo) y la crema de cacahuete por crema de semillas de girasol.

Cuando sueño con mis batidos favoritos, sueño con este de crema de cacahuete, canela y dátiles, un derroche que definitivamente vale la pena. Este batido, rebosante de densa crema de cacahuete y leche de almendras, tiene el solo dulzor natural de los dátiles, lo cual lo convierte en un batido saludable además de delicioso. Aunque la receta básica ya contiene más de 8 g de proteínas, puedes añadirle si quieres una cucharada de proteína en polvo, con sabor a vainilla, para elevar esa cantidad a más de 20 g de proteínas por vaso de esta estupenda bebida reconstituyente para después de hacer ejercicio.

1 batido (1 ¾ taza/425 ml)

Tiempo de preparación: 5 minutos

Sin gluten, sin aceite, crudo/sin hornear, sin soja, sin azúcar, opción sin cereal, opción sin frutos secos

1. En una batidora de alta velocidad, mezcla todos y los ingredientes y bátelos hasta conseguir una textura cremosa y fina.

Batido radiante como la luz del sol para combatir la gripe

- 2 naranjas de mesa medianas sin pepitas, peladas
- 2 cucharadas (30 ml) de zumo de limón recién exprimido, o al gusto
- 1 cucharadita (5 ml) de jengibre fresco pelado y rallado, o al gusto
- 1 a 3 cucharaditas (5 a 15 ml) de sirope puro de arce, al gusto
- 3 a 5 cubitos de hielo
- Una pizca de pimienta de Cayena (opcional)

Sugerencias: si te gusta tomar el batido caliente, omite el hielo y bate la mezcla a velocidad alta durante unos minutos, hasta que el calor del motor lo caliente.

Para aumentar todavía más su poder nutritivo, ¡prueba a añadirle a la mezcla un poco de col rizada o espinacas!

Creé este vibrante batido amarillo una vez que tenía una gripe muy fuerte y no veía el momento de empezar a sentirme mejor. Los cítricos, repletos de antioxidantes, y el jengibre fresco se unen para darle una patada a cualquier resfriado o gripe y dejarlo atrás. Si te sientes igual de mal y de impaciente que yo en aquellos momentos, añádele a la mezcla una pizca de pimienta de Cayena. ¡Verás que empiezas a respirar bien en nada de tiempo! Dicen los entendidos que, además, la pimienta de Cayena estimula el metabolismo.

1 batido (1 ¾ tazas/ 425 ml)

Tiempo de preparación: 10 minutos

Sin gluten, sin frutos secos, sin aceite, crudo/sin hornear, sin soja, sin azúcar refinado, sin cereal

1. En una batidora de vaso de alta velocidad, mezcla todos los ingredientes y bátelos hasta que tengan una consistencia suave. Tómate un vaso y prepárate a sentirte mejor en un abrir y cerrar de ojos.

DE DELANTE ATRÁS:
Batido radiante como la luz del sol para combatir la gripe,
batido «la gloria de la mañana» y monstruo verde de belleza tropical

Batido «la gloria de la mañana»

- 1 taza (250 ml) de fresas frescas o congeladas, sin pedículo
- 1 plátano congelado, cortado en trozos irregulares
- 1/3 de taza (75 ml) de zumo de naranja recién exprimido
- 1/3 de taza (75 ml) de agua de coco o agua
- ¼ de cucharadita (12 ml) de extracto puro de vainilla
- 3 a 5 cubitos de hielo

Eric, mi marido, es todo un entendido en batidos, o al menos lo fue durante el tiempo de elaboración de este capítulo. Me puse el reto de idear para este libro un batido que a él le entusiasmara, y me da un poco de vergüenza contar la cantidad de pruebas que me costó conseguir su aprobación. Estuve a punto de tirar la toalla (¡el paño de cocina!), pero al final se obró el milagro, y Eric se enamoró de este varonil combinado de fresas, plátano, zumo de naranja y vainilla. Es una mezcla sencilla, ¡pero es que él es un tipo muy sencillo! Prueba a servir el batido como parte de un relajado desayuno-almuerzo de domingo; la receta se puede duplicar o triplicar fácilmente dependiendo de cuántos invitados sedientos tengas a la mesa.

1 batido (2 tazas/500 ml)

Tiempo de preparación: 5 minutos

Sin gluten, sin frutos secos, sin aceite, crudo/sin hornear, sin soja, sin azúcar, sin cereal

1. En una batidora de vaso de alta velocidad, junta todos los ingredientes y bátelos hasta que la mezcla tenga una consistencia fina.

Monstruo verde de belleza tropical

- 1 taza (250 ml) de agua de coco o agua
- 1 taza (250 ml) de hojas de col rizada (solo la parte verde) o espinacas tiernas
- 1 taza (250 ml) de mango congelado o 1 mango fresco, troceado
- ½ taza (125 ml) de trozos de piña fresca o congelada
- 1 o 2 cucharadas (15 a 30 ml) de zumo de lima recién exprimido, al gusto
- 1 cucharadita (5 ml) de jengibre fresco pelado y picado
- Edulcorante natural líquido, al gusto (opcional)
- Cubitos de hielo, si se desea

Si no puedes irte de vacaciones pero no quieres privarte de disfrutar de un sabor tropical, este batido está hecho para ti. Bastará con que cierres los ojos para que la combinación de agua de coco, mango, piña y lima te transporte a una soleada playa de arenas blancas. ¡Ah, y no te sorprendas si vuelves con cierta luminosidad «posvacacional»!

1 batido (2 tazas/500 ml)

Tiempo de preparación: 5 minutos

Sin gluten, sin aceite, crudo/ sin cocción, sin soja, sin azúcar refinado, sin cereal, sin frutos secos

1. En una batidora de vaso de alta velocidad, junta todos los ingredientes y bátelos hasta conseguir un batido de consistencia suave. Adórnalo con una sombrillita de papel y ¡que empiece la fiesta!

Infusión curativa de rooibos

- 4 tazas (1 l) de agua filtrada
- 4 cucharaditas (20 ml) de té de rooibos en hebra o 4 sobrecitos de té de rooibos
- 1 o 2 rodajas de limón, sin semillas
- Un trozo de raíz de cúrcuma de 2,5 a 5 cm, pelada y cortada en rodajas finas
- Un trozo de jengibre fresco de 5 a 8 cm, pelado y cortado en rodajas finas
- Edulcorante natural al gusto (opcional)

Sugerencias: para pelar con facilidad el jengibre y la cúrcuma, usa una cuchara de pomelo, con borde serrado, y raspa con ella la piel, y no tendrás necesidad de un pelador.

Puedes reservar los restos de los ingredientes sólidos y hacer más té a lo largo del día, añadiendo algunas hojas, o bolsitas, de té y el agua necesaria. Tira los ingredientes sólidos al acabar el día.

Para que el cuerpo absorba mejor la cúrcuma, añádele una pizca de canela recién molida a la infusión mientras reposa.

A principios de 2013, tuve una extraña reacción alérgica que apareció de repente como de la nada. Después de leer extensamente sobre soluciones naturales para problemas alérgicos, descubrí la infusión de rooibos. Decidí darle una oportunidad a este té de sabor dulce, elogiado desde hace mucho por sus propiedades curativas. Empecé a preparar rooibos combinado con otros superalimentos, como cúrcuma, limón y jengibre frescos. Aunque sigo sin saber cuál fue la causa de aquella reacción alérgica, disfruté tanto de tomar este té que hoy en día sigo preparándolo con regularidad. ¡Incorpóralo a tu jornada y deja que sus propiedades curativas comiencen a surtir efecto!

4 tazas (1 l)

Tiempo de preparación: 5 minutos | **Tiempo de cocción:** 10 minutos

Sin gluten, sin frutos secos, sin aceite, sin soja, sin azúcar refinado, sin cereal

1. En un cazo de tamaño mediano, pon juntos el agua, el té, el limón, la cúrcuma y el jengibre. Llévalo a ebullición a fuego medio-alto y luego baja el fuego a medio-bajo y déjalo hervir suavemente durante unos 10 minutos, o más, en caso de que quieras una infusión más fuerte.
2. Filtra el té con un colador de malla fina puesto sobre un tazón, añádele edulcorante natural al gusto, si lo deseas, y sírvelo de inmediato. Puedes dejar en la nevera lo que sobre y tomártelo frío más tarde, como ingeniosa variante del clásico té helado.

Zumo para yoguis

EL ZUMO VERDE DE CADA DÍA
2 a 3 tazas (500 a 750 ml):

- 1 pepino (de variedad inglesa) sin semillas, pelado y cortado en trozos irregulares
- 4 hojas pequeñas de col rizada, picadas en trozos irregulares
- 1 manzana dulce, sin corazón y picada en trozos irregulares
- 1 pera madura, sin pepitas y picada en trozos irregulares
- 1 o 2 cucharadas (15 a 30 ml) de zumo de limón recién exprimido, al gusto

LA REMOLACHA Y SU PODER DE HACERTE RESPLANDECER
2 a 3 tazas (500 a 750 ml):

- 1 pepino pelado y cortado en trozos
- 1 remolacha entre pequeña y mediana, pelada y cortada en trozos
- 1 zanahoria entre pequeña y mediana, pelada y picada en trozos irregulares
- 1 o 2 cucharadas (15 a 30 ml) de zumo de limón recién exprimido, al gusto
- 1 manzana pequeña, sin corazón y picada en trozos (opcional)

Sugerencias: si quieres que la bebida conserve la pulpa fibrosa, basta con que te saltes el filtrado y conseguirás un zumo de tipo batido. Eso sí, ¡te advierto que será muy denso! Puedes diluirlo con un poco de agua.

Si no dispones de una batidora de Vitamix o Blendtec, quizá sea conveniente que pongas la remolacha al vapor unos minutos antes de usarla.

Hace años tuve una licuadora y me encantaba poder hacer zumos frescos al momento siempre que me apetecían. Ahora bien, detestaba tener que limpiarla después. Todo el mundo dice que no es para tanto, pero la verdad es que sí lo es... ¡O igual es solo que soy una perezosa! Cuando nos mudamos a una casa que tenía la cocina más pequeña, doné la licuadora para ahorrar espacio. Desde entonces, he descubierto un método para hacer zumos caseros al momento y sin tener que limpiar tanto después; lo único que necesitas es una batidora y una bolsa de filtrado (consulta la página 46) o un colador de malla fina. Te presento aquí dos de mis zumos combinados favoritos para que empieces a hacer ensayos. Recuerda que estas recetas se pueden preparar también en una licuadora tradicional.

*Sin gluten, sin aceite, crudo/ sin cocción,
sin azúcar, sin soja, sin cereal, sin frutos secos*

1. En una batidora de vaso de alta velocidad, mezcla todos los ingredientes con ½ taza (125 ml) de agua y bátelo todo hasta que la mezcla tenga una consistencia suave.
2. Pon la bolsa de filtrado (o el colador de malla fina) sobre una jarra grande de cristal o un cuenco grande y filtra lentamente el zumo. Escurre con suavidad la bolsa para exprimir el zumo y, si usas un colador, utiliza una cuchara para presionar bien la pulpa y sacarle todo el zumo. Desecha la pulpa y ¡buen provecho!
3. Guarda el zumo sobrante en la nevera dentro de un tarro hermético de vidrio; durará de 2 a 3 días.

Té verde de cítricos estimulante del metabolismo

- 1 bolsita de té verde o 1 cucharadita (5 ml) de té verde en hoja
- 1 ½ taza (375 ml) de agua hirviendo
- Zumo de ½ pomelo
- Zumo de ½ limón
- 1½ a 3 cucharaditas (7 a 15 ml) de edulcorante natural líquido, al gusto
- Una pizquita de pimienta de Cayena (opcional)

Este es un té verde energizante que se prepara con pomelo, limón y pimienta de Cayena para que disfrutes de él en cualquier momento en que el metabolismo necesite un poco de impulso. Es una de mis maneras favoritas de empezar el día con brío. Si quieres una versión fría para el verano, basta con que por la noche hagas el doble de cantidad y lo metas en el frigorífico. Cuando te despiertes, te estará esperando un delicioso té de cítricos frío para saborear a lo largo del día.

2 tazas (500 ml)

Tiempo de preparación: 5 a 10 minutos

Sin gluten, sin frutos secos, sin aceite,
crudo/sin hornear, sin soja, sin cereal, sin azúcar refinado

1. Coloca la bolsita de té o el té en hojas (dentro de un filtro o infusor de té) en una jarra o tetera (debe tener capacidad para más de dos tazas/500 ml de líquido). Deja que el agua hirviendo repose unos minutos para que pierda un poco de temperatura y evitar así que el té verde tenga sabor amargo. Vierte ahora el agua y deja el té en infusión 3 minutos y luego retira la bolsita o las hojas.
2. Pon un colador de malla fina sobre la jarra y vierte el zumo de pomelo y de limón para eliminar cualquier resto de pulpa o pepita.
3. Añade el edulcorante natural y la pimienta de Cayena (si lo deseas) e inmediatamente ¡saborea este té reavivante del metabolismo!

Entrantes

Una de las cosas que más me gusta hacer es invitar a casa a la familia y los amigos y agasajarlos con todo tipo de deliciosas comidas veganas. Es una manera estupenda de iniciarlos en la cocina vegana, y con frecuencia muchos de ellos se sorprenden de que les sepan tan bien recetas que no llevan carne. Los refrigerios de este capítulo son los que nunca me fallan cuando quiero preparar un picoteo sano. No solo les encantan a todo el mundo, sino que dejan a todos los invitados con una sensación de ligereza y energía. ¡A nadie le gusta que le deje aplanado una comida grasienta y pesada cuando está de fiesta! La salsa imprescindible en mis fiestas es la vivificante salsa caliente para nachos (página 105); por si el nombre no te ha hecho adivinarlo, te diré que para nosotros es una especie de pequeña obsesión. Es la salsa ideal para servir una noche fría de invierno mientras televisan un buen partido de hockey. Y si lo que buscas es un refrigerio para el verano, prueba la tosta veraniega de cerezas y albahaca (página 101), el luminoso guacamole de fresas y mango (página 103) o los bocaditos de faláfel al horno sin una gota de aceite (página 117). Probablemente no haga falta decirlo, pero muchos de estos refrigerios se pueden usar como entrantes de una comida. Mi marido y yo hemos servido en varias ocasiones unos tacos de patata crujiente para fiesta mexicana (página 107) y unos bocaditos de faláfel al horno... para cenar. Vale, vale, es verdad que una noche llegamos a servir también la vivificante salsa caliente para nachos, ¡lo admito!

Tosta veraniega de cerezas y albahaca

- 1 taza (250 ml) de cerezas frescas sin hueso y picadas finas
- 3 tazas (750 ml) de fresas frescas, sin pedículo y picadas finas
- ¼ de taza (60 ml) de hojas de albahaca fresca, picadas
- ¼ de taza (60 ml) de hojas de menta fresca, picadas
- 3 cucharadas (45 ml) de cebolla roja finamente picada
- 4 cucharaditas (20 ml) de vinagre balsámico
- 1 barra de pan tipo baguette, rebanada en ángulo en pequeñas cuñas de 2,5 cm
- 2 cucharadas (30 ml) de aceite de oliva virgen extra
- Reducción balsámica, según la receta de la página 311

Sugerencia: ponte guantes de látex cuando hagas esta receta, para que no te queden manchas en los dedos y estar lista al instante para la fiesta.

Aunque igual no está bien que yo lo diga, esta es una tosta preciosa que atrapa al instante todas las miradas. Es elegante y tiene clase; hará pensar a tus invitados que eres una versión vegana de la propia Martha Steward (¡solo que espero no correr la misma suerte que esta famosa cocinera y acabar en la cárcel como ella!). Si nunca has probado la combinación de albahaca y frutos rojos, ¡te espera una gratísima sorpresa!

2 raciones

Tiempo de preparación: 20 minutos | **Tiempo de cocción:** 5-7 minutos

Sin frutos secos, sin soja, sin azúcar

1. Precalienta el horno a 230 °C.
2. En un bol grande, mezcla las cerezas, las fresas, la albahaca, la menta, la cebolla y el vinagre. Deja reposar este acompañamiento para la tosta entre 10 y 15 minutos para que afloren los sabores.
3. Con un cepillo, unta con aceite cada trocito de pan por un lado y colócalos, con la cara del aceite hacia abajo, en una bandeja grande y con borde para horno. Hornéalos entre 5 y 7 minutos, observando atentamente, hasta que estén dorados.
4. Con una cuchara, extiende sobre el pan tostado el preparado anterior. Rocía luego cada trocito con un poco de reducción balsámica y sirve de inmediato.

Luminoso guacamole de fresas y mango

- 2 aguacates medianos, sin hueso y cortados en trozos irregulares
- ½ taza (125 ml) de cebolla roja finamente picada
- 1 mango fresco, pelado, sin hueso y finamente cortado (aprox. 1 ½ taza/375 ml)
- 1 ½ taza (375 ml) de fresas sin pedículo picadas finas
- ¼ de taza (60 ml) de hojas de cilantro fresco picadas (opcional)
- 1 o 2 cucharadas (15 a 30 ml) de zumo de lima recién exprimido, al gusto
- Sal marina fina
- Tortillas de maíz, para servir

Sugerencia: si prefieres una versión que sea especiada, añádele a la mezcla un jalapeño troceado. Si prefieres que sea solo un poco picante, no incluyas las semillas.

En esta receta, el mango, jugoso y mantecoso, y las fresas con su dulzor le dan una vivificante chispa al guacamole tradicional. Nunca dura demasiado en una fiesta este luminoso guacamole afrutado, porque refresca a los invitados y además les infunde energía. Si quieres prepararlo de antemano, mezcla todos los ingredientes, salvo el aguacate, en un contenedor hermético y guárdalo en la nevera. Justo antes de servir, incorpora con delicadeza el aguacate y ¡nadie se dará cuenta!

3 raciones (750 ml)

Tiempo de preparación: 20 minutos

Sin gluten, sin frutos secos, sin aceite, crudo/sin hornear, sin soja, sin azúcar, sin cereal

1. En un bol de tamaño mediano, haz puré el aguacate, dejando algunos trozos enteros para darle una textura más consistente.
2. Enjuaga bien la cebolla picada puesta en un colador para eliminar los compuestos sulfurosos. Esto le da a la cebolla cruda un sabor más agradable. Añade el mango, las fresas, la cebolla y el cilantro (si lo vas a usar) al puré de aguacate. Sazónalo todo con el zumo de lima y sal al gusto.
3. Sirve de inmediato con tus tortillas de maíz favoritas (o prueba mis chips especiados de pita tostada, página 113). El aguacate se oxida con facilidad, por tanto lo que sobre se conservará unas 12 horas como máximo. ¡Una razón más para lanzarte al ataque!

Vivificante salsa caliente para nachos

PARA LA SALSA DE «QUESO»:

- 1 taza (250 ml) de anacardos crudos
- 1 taza (250 ml) de zanahorias picadas
- 2 cucharadas (30 ml) de levadura nutricional
- 2 cucharadas (30 ml) de zumo de limón recién exprimido
- 1 diente de ajo
- 1 ¼ cucharadita (6 ml) de sal marina fina
- ¾ de cucharadita (4 ml) de chile molido
- ½ cucharadita (2 ml) de cebolla en polvo
- ½ a ¼ de cucharadita (1 a 2 ml) de pimienta de Cayena, al gusto (opcional)

PARA LA SALSA PARA UNTAR:

- 1 taza (250 ml) de salsa marinera italiana espesa
- 1 taza (250 ml) de cebolla dulce finamente picada
- 2 o 3 puñados de espinacas tiernas (aprox. 85 g), picadas
- 1/3 de taza (75 ml) de tortillas de maíz fritas trituradas o pan rallado
- 1 o 2 cebolletas picadas finas, para servir (opcional)

- Tortillas de maíz fritas, o chips especiados de pita tostada (página 113), para servir

Sugerencia: si quieres una versión de la receta sin gluten, usa tortillas fritas de maíz, tanto trituradas para la cubierta como enteras para servir.

¡Nunca adivinarías que esta sabrosa salsa picante recién salida del horno no lleva ni una sola gota de lácteos ni de aceite! Este es uno de esos platos que le encantan a todo el mundo.

Caliente está más rico, así que sírvelo sobre un calientaplatos o salvamanteles térmico para que guarde el calor el mayor tiempo posible. A mí me gusta hornear la salsa en una fuente de hierro fundido, que la mantiene caliente durante casi una hora.

8 raciones

Tiempo de preparación: 25-30 minutos, más tiempo de remojo	Tiempo de cocción: 25-30 minutos

Opción sin gluten, sin aceite, sin soja, sin azúcar, sin cereal

1. Haz la salsa de «queso»: coloca los anacardos en un cuenco mediano y añade agua hasta cubrirlos. Déjalos reposar al menos 2 horas, o toda la noche si tienes tiempo. Escurre luego los anacardos, enjuágalos y vuélvelos a escurrir.
2. Precalienta el horno a 200 °C. Engrasa ligeramente una fuente o una cazuela de hierro fundido de 2 litros de capacidad.
3. Coloca las zanahorias en un cazo pequeño y cúbrelas de agua. Ponlas al fuego y hiérvelas 5 minutos o hasta que puedas pincharlas fácilmente con un tenedor. Escurre el agua. También puedes hacer las zanahorias al vapor, si lo prefieres.
4. En una batidora, mezcla los anacardos puestos a remojo y escurridos, las zanahorias cocidas, la levadura nutricional, el zumo de limón, el ajo, la sal, el chile molido, la cebolla en polvo, la pimienta de Cayena (si vas a usarla) y dos

tercios de taza (150 ml) de agua y bátelo todo junto hasta conseguir una salsa fina y sedosa, añadiendo un poco más de agua si es preciso. Vierte la salsa en un bol grande.

5. Haz la salsa para untar: añádele a la salsa de «queso» la salsa marinera, la cebolla y las espinacas y remueve hasta que todo esté bien mezclado. Viértelo en la fuente que tienes preparada, alísalo y espolvorea por la superficie las tortillas de maíz trituradas o el pan rallado.

6. Hornéalo entre 25 y 30 minutos sin tapar y presta atención los últimos minutos para que la cubierta de maíz triturado no se queme. Adórnalo con trocitos de cebolleta, si lo deseas. Sirve de inmediato con tortillas fritas de maíz o chips especiados de pita tostada.

7. Si sobra algo de salsa, puedes recalentarla en el horno a 200 °C entre 10 y 15 minutos, o hasta que esté caliente toda ella por igual. La salsa para untar se conservará en un contenedor hermético en el frigorífico de 3 a 5 días.

Tacos de patata crujiente para fiesta mexicana

PARA LOS TACOS DE PATATA CRUJIENTE:

- 2 patatas tipo russet sin pelar, cortadas en rodajas de 6 mm de grosor
- 1 cucharada (15 ml) de aceite de pepitas de uva
- Sal marina fina y pimienta negra recién molida

PARA EL ACOMPAÑAMIENTO DE NUECES:

- 1 taza (250 ml) de nueces, tostadas si lo prefieres
- 1 cucharada (15 ml) de aceite de oliva
- 1 ½ cucharadita (7 ml) de chile molido
- ½ cucharadita (2 ml) de comino molido
- ¼ de cucharadita (12 ml) de sal marina fina
- Una pizca (0,5 ml) de pimienta de Cayena

PARA EMPLATAR:

- Nata de anacardos (receta de la página 293)
- ½ a ¾ de taza (125 a 175 ml) de salsa mexicana
- 2 o 3 cebolletas, cortadas en láminas finas
- Pimienta negra recién molida

Sugerencia: en vez de patatas, prueba a servir los acompañamientos sobre nidos de lechuga o altérnalos con tortillas de maíz crujientes para preparar un plato de nachos vegano que deje a los invitados auténticamente satisfechos.

Estos tacos de patata crujiente, posiblemente uno de los picoteos más suculentos que quepa imaginar, son tan deliciosos que casi cuesta compartirlos. Hablo por experiencia: ¡una vez mi marido y yo devoramos una tanda entera antes de que nuestros amigos hubieran llegado siquiera a la fiesta! Fue un poco embarazoso explicarles que nos habíamos zampado su aperitivo: «Mmm…, lo sentimos mucho».

La base de estos tacos son rodajas finas de patata asadas, que se cubren con el crujiente preparado de nueces, nata de anacardos y salsa mexicana. Si no tienes tiempo de ir poniendo las sucesivas capas taco por taco, prueba a colocar todas las bases de patata en una fuente grande y cúbrelas todas a la vez.

El acompañamiento de nueces y la nata de anacardos se pueden dejar preparados uno o dos días antes para ahorrar tiempo. Estos tacos crujientes sirven también para una divertida cena; tus hijos estarán encantados, ¡de eso puedes estar segura!

28 o 30 tacos

Tiempo de preparación: 25 minutos | **Tiempo de cocción:** 35 minutos

Sin gluten, sin soja, sin azúcar, sin cereal

1. Haz las bases crujientes de patata: precalienta el horno a 220 °C. Forra con papel vegetal una fuente grande y con borde para horno.
2. Coloca las rodajas de patata en una sola capa sobre la bandeja y rocíalas con el aceite. Frótalas un poco para extender el aceite por igual. Espolvoréales generosamente sal y pimienta.

3. Asa las patatas de 30 a 35 minutos, dándoles la vuelta una vez cuando haya transcurrido la mitad del tiempo, hasta que estén tiernas y ligeramente doradas. Déjalas enfriar 5 minutos antes de emplatarlas.

4. Haz el acompañamiento de nueces: en un procesador de alimentos pequeño, mezcla las nueces, el aceite, el chile molido, el comino, la sal y la pimienta de Cayena y tritúralo todo hasta que quede bien desmenuzado (también puedes picar y mezclar los ingredientes a mano, si lo prefieres). Reserva.

5. Para montar los tacos, cubre cada rodaja de patata con 1 cucharadita (5 ml) de la nata de anacardos y, a continuación, 1 cucharadita de acompañamiento de nueces, otra de salsa y, por último, trocitos de cebolleta, por este orden. Sazona con pimienta.

6. Sirve de inmediato, mientras están todavía calientes.

Hummus clásico

- 3 tazas (750 ml) de garbanzos cocidos (procedentes de 2 tarros de garbanzos de unos 400 g o de 1 taza de garbanzos secos)
- 1 diente de ajo grande o 2 pequeños
- 1/3 de taza (75 ml) de tahini (crema de sésamo)
- ¼ de taza (60 ml) de zumo de limón recién exprimido (de 1 limón aprox.), o al gusto
- 1 cucharadita (5 ml) de sal marina fina, o al gusto
- 5 a 10 gotas de salsa picante (opcional)
- Aceite de oliva virgen extra, pimentón, y perejil picado para servir
- Chips especiados de pita tostada (página 113), para servir

Sugerencias: el hummus casero tiene tendencia a espesar cuando se enfría. Para diluirlo, puedes añadir un poco de aceite de oliva o agua y remover para mezclarlo bien. Se conservará en la nevera, en un contenedor hermético, al menos 1 semana.

Dediqué mucho tiempo a hacer pruebas y pruebas de variantes de hummus intentando dar con una receta de sabor exquisito; probé hasta lo más descabellado que puedas imaginar.

Pero a pesar de todos mis esfuerzos, volvía una y otra vez a la receta clásica. En realidad, ya lo dice el refrán: «Si funciona, ¿pa' qué arreglarlo?».

De todos modos, en el largo proceso de pruebas, descubrí dos secretos que te voy a contar y que elevarán tu hummus de sabroso a supremo.

El primero es usar garbanzos secos y cocerlos. En una prueba que hice, sentada ante un hummus preparado con garbanzos recién cocidos y otro preparado con garbanzos en conserva, no podía creer la diferencia de sabor. Aunque en un momento de apuro no tengo problema en usar envasadas, las legumbres recién cocidas saben infinitamente mejor. El segundo secreto, si puedes dedicarle quince minutos más (y tienes una pareja a la que puedas engatusar), es: quítales la piel a los garbanzos antes de echarlos al robot de cocina. La recompensa será un hummus ultrasuave que podrá competir con el mejor hummus comprado.

2 ½ taza (625 ml)

Tiempo de preparación: 10 a 20 minutos

Sin gluten, sin frutos secos, sin soja, sin azúcar, crudo/ sin horno, sin cereal

1. Enjuaga y escurre los garbanzos. Si tienes tiempo, quítales la piel: aprieta el garbanzo un poco entre el índice y el pulgar y la piel se te quedará entre los dedos. Tira las pieles y reserva un puñado de garbanzos enteros para decorar.

2. Con el procesador de alimentos en funcionamiento, echa el ajo para picarlo.

3. Añade los garbanzos, el tahini, el zumo de limón, la sal y la salsa picante (si quieres) y tritúralo hasta que quede bien mezclado, ajustando las cantidades al gusto. Añade entre 4 y 6 cucharadas (60 a 90 ml) de agua para darle la consistencia deseada. Procésalo hasta que quede suave (yo suelo dejar el procesador en marcha al menos un par de minutos), deteniéndote cuando sea necesario para reincorporar a la mezcla, con ayuda de una espátula, el hummus que haya quedado adherido a las paredes del vaso.

4. Para servirlo, viértelo en un cuenco y rocíalo con un chorrito de aceite de oliva, decóralo con los garbanzos que tenías reservados y espolvorea un poco de pimentón y perejil picado. Acompáñalo de chips especiados de pita tostada, si lo deseas.

Chips especiados de pita tostada

- 2 panes de pita o tortillas de maíz
- 2 cucharaditas (10 ml) de aceite de oliva virgen
- ½ cucharadita (2 ml) de ajo en polvo
- ½ cucharadita (2 ml) de comino molido
- ½ cucharadita (2 ml) de pimentón
- ¼ de cucharadita (12 ml) de sal marina fina

Me encanta sazonar las pitas o las tortillas de maíz con un poco de ajo en polvo, comino y pimentón y hornearlas luego hasta que estén crujientes. Una vez tostadas en el horno, el resultado son unos deliciosos chips crujientes de pita, complemento ideal para el hummus clásico (página 111). ¡Pero cuidado: no suelen durar mucho!

Aproximadamente 40 cuñas

Tiempo de preparación: 5 minutos | **Tiempo de cocción:** 7-9 minutos

Sin frutos secos, sin soja, sin azúcar

1. Precalienta el horno a 200 ºC.
2. Con unas tijeras de cocina, corta los panes de pita en trocitos con forma de cuña y del tamaño aproximado de las habituales tortillas de maíz fritas. Disponlos en una sola capa sobre una bandeja grande y con borde para horno.
3. Con un pincel de repostería, extiende el aceite sobre los trocitos de pita y sazónalos generosamente con el ajo en polvo, el comino, el pimentón y la sal.
4. Hornéalos de 7 a 9 minutos, o hasta que estén dorados. Sácalos del horno y déjalos enfriar. Al cabo de entre 5 y 10 minutos habrán adquirido una consistencia firme y crujiente.

Tarta de champiñones al pesto de nueces

PARA EL SALTEADO DE CHAMPIÑONES Y CEBOLLAS:

- 2 cucharadas (30 ml) de aceite de oliva virgen extra
- 6 tazas (1,5 l) de champiñones pequeños en láminas (½ kg escaso)
- 1 cebolla roja mediana, pelada, cortada por la mitad en sentido longitudinal y laminada en medias lunas

PARA EL PESTO DE NUECES:

- 1 diente grande de ajo
- 2/3 taza (150 ml) de nueces tostadas
- 1 taza (250 ml) de hojas de perejil fresco (sin comprimirlas)
- ¼ de taza (60 ml) de aceite de oliva virgen extra
- ½ a ¾ de cucharadita (2 a 4 ml) de sal marina fina, al gusto
- ½ cucharadita de pimienta negra recién molida

PARA MONTAR:

- 7 u 8 hojas de masa filo congelada, puesta a descongelar
- Aceite de oliva para pincelar la masa
- Un puñado de hojas de perejil fresco (opcional)

Sugerencia: si quieres ahorrar tiempo, compra champiñones ya laminados. ¡Es nuestro pequeño secreto!

Hace unos años, esta tarta al pesto ganó el primer premio en un concurso patrocinado por la asociación Mushroom Canada. No solo es uno de mis aperitivos favoritos, sino que muchos lectores de *Oh She Glows* han probado a hacer esta receta ganadora y ha sido todo un éxito. Es un poco laboriosa, es cierto, pero verás que el tiempo ha estado bien empleado cuando le hinques el diente al primer bocado, crujiente y sabroso. Si no quieres hacer una tarta de masa filo, puedes simplemente extender el pesto sobre costrini (rebanadas de pan de baguette sazonado y tostado al horno con un poco de aceite) o prueba a incorporarlo a un plato de pasta, para una cena elegante. ¡Deja volar la imaginación, querido entusiasta de los champiñones! Acuérdate de poner a descongelar la masa filo la noche anterior para que esté lista cuando vayas a hacer la tarta.

6 a 8 raciones

Tiempo de preparación: 45 minutos | **Tiempo de cocción:** 26-32 minutos

Sin soja, sin azúcar

1. Precalienta el horno a 180 °C. Forra con papel vegetal una bandeja de hornear grande y con borde.
2. Haz el salteado de champiñones y cebollas: en una sartén grande de hierro fundido, calienta 1 cucharada (15 ml) de aceite a fuego medio-alto. Añade los champiñones y saltéalos hasta que el líquido que desprendan se haya evaporado y los champiñones estén tiernos (de 15 a 25 minutos). Reserva.
3. Mientras tanto, en otra sartén grande de hierro fundido, calienta la cucharada restante (15 ml) de aceite a fuego medio-bajo. Añade la cebolla y saltéala, removiéndolo a menudo, hasta que esté blanda y traslúcida (20 minutos, aprox.). Reserva.

4. Haz el pesto de nueces: en un procesador de alimentos, pica fino el ajo. Añade las nueces, el perejil, el aceite, la sal, la pimienta, una taza (250 ml) de los champiñones salteados y 2 cucharadas (30 ml) de agua y tritúralo hasta que quede suave, parando el procesador cuando sea necesario para reincorporar con la espátula el pesto adherido a las paredes del vaso.

5. Monta la tarta: coloca una hoja de masa filo sobre la bandeja de horno que has preparado y pulverízale un poco de aceite (o úntala ligeramente de aceite con un pincel de repostería). Coloca otra hoja de masa directamente encima de la primera y pulverízale o úntale aceite, como la anterior. Repite el proceso con las 5 o 6 hojas de masa restantes. Dobla los extremos de la masa hacia dentro (unos 2,5 cm) todo alrededor para formar un borde, presionando para que la masa se adhiera (mira la fotografía de la página 114). Si le cuesta pegarse, añádele un poco de aceite pulverizado o pincelado y vuelve a intentarlo. Con un tenedor, haz unos cuantos agujeritos en la superficie de la masa para que pueda salir el vapor durante la cocción.

6. Extiende con cuidado el pesto de nueces sobre la masa en una capa uniforme que llegue hasta los bordes doblados. Distribuye uniformemente sobre el pesto el resto del salteado de champiñones y cebolla.

7. Hornéala entre 26 y 32 minutos, o hasta que esté dorada y crujiente al tacto. Si quieres que los bordes de la tarta tengan un bonito color dorado, gratínala 1 o 2 minutos antes de sacarla del horno, vigilándola atentamente para que no se queme.

8. Déjala enfriar 5 minutos antes de cortarla con un cortador para pizza. Espolvoréale perejil fresco recién picado, si lo deseas, y sirve de inmediato.

Bocaditos de faláfel al horno sin una gota de aceite

PARA LOS FALÁFEL:

- 3 dientes de ajo
- ½ taza (125 ml) de cebolla roja
- 1/3 de taza (75 ml) de hojas de cilantro fresco
- 1/3 de taza (75 ml) de hojas de perejil fresco comprimidas
- 1 bote (425 g) de garbanzos, enjuagados y escurridos
- 2 cucharadas (30 ml) de semillas de lino molidas
- ¼ de taza (60 ml) más 6 cucharadas de pan rallado de espelta (90 ml) o pan rallado de cereal germinado (página 291)
- ½ cucharadita (2 ml) de comino molido
- ½ cucharadita (2 ml) de sal marina fina

PARA LA SALSA DE TOMATE Y PEPINO:

- 1 ½ taza (375 ml) de tomates maduros
- ¼ de taza (60 ml) de cebollas rojas
- ¼ de taza (60 ml) de cilantro fresco
- 1 cucharada (15 ml) de zumo de lima recién exprimido
- ½ taza (125 ml) de pepino cortado en dados
- Sal marina fina

PARA SERVIR:

- Las hojas de 1 lechuga mantecosa o romana
- Aliño de limón y tahini (página 296)

Esta receta de faláfel, que se aparta un poco de la receta tradicional, te dejará una sensación de ligereza y energía; no es pesada en absoluto. En vez de freír los faláfel, lo que hago es rebozarlos en pan rallado integral de espelta y cocinarlos al horno para que queden igual de apetitosos y crujientes que los faláfel fritos, pero sin toda esa grasa. ¡No me digas que no es una alegría!

22 faláfel

Tiempo de preparación: 30 minutos | **Tiempo de cocción:** 30 minutos

Sin frutos secos, sin soja, sin azúcar

1. Haz los faláfel: precalienta el horno a 200 °C. Forra de papel vegetal un molde grande y con borde para horno.
2. En un procesador de alimentos, pica finamente el ajo. Agrega la cebolla, el cilantro y el perejil y tritúralos juntos. Añade los garbanzos y tritura de nuevo hasta que la mezcla forme una masa compacta y se mantenga ligada al apretarla entre los dedos.
3. Pasa la mezcla a un bol grande e incorpora las semillas de lino, ¼ de taza (60 ml) del pan rallado, el comino y la sal y combínalo todo hasta conseguir una masa homogénea.
4. Forma con la masa pequeñas tortas, usando alrededor de 1 cucharada (15 ml) de masa para cada una y apretándolas entre las manos hasta que queden compactas.
5. Con un pincel de repostería, unta con unas gotas de agua cada tortita. De una en una, rebózalas en las 6 cucharadas (90 ml) de pan rallado restantes, apretando para que el pan rallado se adhiera (le cuesta un poco, así que tendrás que hacer cierta presión para que quede bien pegado). Una vez rebozadas todas, colócalas sobre la bandeja de horno que tienes preparada.

6. Hornea los faláfel hasta que tengan un color dorado oscuro, alrededor de 30 minutos, dándoles la vuelta una vez a mitad de cocción.

7. Haz la salsa de tomate y pepino: en el procesador de alimentos, mezcla los tomates, la cebolla, el cilantro y el zumo de lima y tritúralo solamente hasta que los tomates queden en trozos gruesos. Incorpora el pepino en dados y sal al gusto.

8. Para servir, dispón las hojas de lechuga en una sola capa sobre una fuente y coloca un faláfel en el centro de cada una. Cubre cada faláfel con un poco de salsa de tomate y pepino y un chorrito del aliño de limón y tahini.

Ensaladas

Sé que, viniendo de una vegana, parecerá un tópico, pero este es el capítulo que más me entusiasma. Afortunadamente, atrás quedaron los tiempos en que tenía que enfrentarme a diario a la consabida ensalada de lechuga y tomate. He comido tantas que si tengo una prioridad a la hora de crear recetas de ensaladas, es acabar con el estereotipo de que las ensaladas son un aburrimiento, simple comida de dieta. ¡Al contrario!, mis ensaladas son cualquier cosa menos monótonas y aburridas; me enorgullezco de crear auténticas delicias ante cuya sola visión se te hará la boca agua. Cuando pruebes estas ensaladas repletas de proteínas vegetales, crujientes verduras frescas y aliños sanos y deliciosos, te preguntarás cómo es que caíste en la rutina de las ensaladas sin imaginación. Sea cual sea tu estado de ánimo, encontrarás la ensalada adecuada para el momento, ya sea la ensalada cremosa de aguacate y patata (página 129), la ensalada César vegana (página 131) o cualquier otra de este capítulo. Así que afila el cuchillo, saca la tabla de cortar y ¡prepárate a resplandecer!

Ensalada de nueces, aguacate y pera con champiñones Portobello y cebolla roja marinados

- 2 champiñones Portobello grandes
- ½ cebolla roja, cortada en rodajas finas
- 1 receta de sencilla vinagreta balsámica para todas las ocasiones (página 295
- 1 bolsa (150 g) de lechuga y brotes verdes variados
- 2 peras maduras peladas, sin semillas y cortadas en trozos
- 1 aguacate sin hueso y cortado en trozos
- 1/3 de taza (75 ml) de nueces tostadas

Esta ensalada está inspirada en un plato que descubrí en un restaurante cercano donde mis amigas y yo nos reunimos para comer una vez al mes. Con sus mantecosos trozos de pera, la cebolla roja marinada y gratinada, los champiñones Portobello, las nueces tostadas y la cremosidad del aguacate, resulta una deliciosa mezcla de mis sabores y texturas favoritos, ¡y además, llena! Cada champiñón Portobello contiene entre 6 y 8 g de proteínas aproximadamente, así que basta que añadas un par de ellos para tener una ensalada de alto valor proteínico que te dará energía durante horas.

2 raciones

Tiempo de preparación: 15 minutos | **Tiempo de cocción:** 8-10 minutos

Sin gluten, sin soja, sin azúcar refinado, sin cereal

1. Frota los champiñones con un paño húmedo para eliminar cualquier resto de tierra. Quítales el pie; tíralos o guárdalos en el congelador. Retira las laminillas del sombrero.

2. Mezcla los sombreros de champiñones, la cebolla y la mitad de la vinagreta y remueve hasta que los champiñones estén impregnados por entero. Marínalos junto con la cebolla unos 30 minutos, removiéndolos cada 5 minutos.

3. Pon a calentar una parrilla a fuego medio. Coloca los champiñones y la cebolla y déjalos tostarse de 3 a 5 minutos por cada lado, hasta que estén tiernos. Retira la parrilla y tras dejar que los champiñones se enfríen, córtalos en tiras.

4. Para servir cada ensalada, pon en un cuenco unos puñados de hojas verdes mezcladas y cúbrelas con la mitad de la pera y el aguacate troceados, las nueces y los champiñones y la cebolla a la plancha. Rocía la ensalada con la vinagreta balsámica restante y ¡que disfrutes mucho!

Sándwich de ensalada de garbanzos perfeccionado

- 1 tarro (425 g) de garbanzos en conserva, enjuagados y escurridos
- 2 tallos de apio picados finos
- 3 cebolletas, cortadas en láminas finas
- ¼ de taza (60 ml) de pepinillos encurtidos finamente picados
- ¼ de taza (60 ml) de pimiento rojo de bola finamente picado
- 2 a 3 cucharadas (30 a 45 ml) de mayonesa vegana, comprada o casera (página 290)
- 1 diente de ajo, picado
- 1 ½ cucharadita (7 ml) de mostaza amarilla
- 2 cucharaditas (10 ml) de eneldo fresco picado (opcional)
- 1½ a 3 cucharaditas (7 a 15 ml) de zumo de limón recién exprimido, al gusto
- ¼ de cucharadita (1 ml) de sal marina fina, o al gusto
- Pimienta negra recién molida
- Tostadas de pan, tortitas crujientes, tortillas de maíz u hojas de lechuga, para servir

Sugerencia: si quieres una versión de que no lleve soja, asegúrate de usar mayonesa vegana sin soja. La veganesa es una buena opción.

Antes de hacerme vegana, siempre solía comer con regularidad pollo desmenuzado en conserva. Esta ensalada de garbanzos es la alternativa que he encontrado a los sándwiches de ensalada de pollo de mi juventud. He de decir que esta versión ¡supera con mucho a la anterior! Los garbanzos triturados tienen una textura muy parecida a la del pollo desmigado y la cremosa mayonesa sin huevo contribuye sin duda al perfeccionamiento de este sándwich. Le he añadido también una abundante cantidad de hortalizas: apio, cebolleta, pepinillos y pimiento rojo para darle un rico toque crujiente y muchísima fibra. Sirve la ensalada en hojas de lechuga mantecosa, en tortillas de maíz o de trigo, en pan de sándwich o sobre galletas saladas o tortitas crujientes. Si tienes previsto hacer próximamente una excursión al campo o un viaje, te gustará saber que, además, es facilísima de transportar.

3 raciones

Tiempo de preparación: 15 minutos

Sin gluten, sin frutos secos, crudo/sin hornear, sin azúcar, sin cereal, opción sin soja

1. En un bol grande, aplasta los garbanzos con el prensapatatas hasta conseguir una textura ligera y grumosa.
2. Incorpora el apio, las cebolletas, los pepinos encurtidos, el pimiento rojo, la mayonesa y el ajo y remuévelo todo hasta que esté bien mezclado.
3. Incorpora la mostaza y el eneldo (si lo deseas) y sazónalo con el zumo de limón, la sal y la pimienta, ajustando las cantidades al gusto.
4. Sirve con tostadas de pan, sobre galletas saladas o tortitas, envuelto en una tortilla de trigo o una hoja de lechuga, o sobre una ensalada de hojas verdes variadas.

Ensalada cremosa de aguacate y patata

- 675 a 900 g de patatas amarillas, cortadas en dados de 1 cm (4½ a 5½ tazas/1,1 a 1,4 l)
- 3 cucharaditas (15 ml) de aceite de oliva virgen extra
- ½ cucharadita (2 ml) de sal marina fina
- ¼ de cucharadita (1 ml) de pimienta negra recién molida
- 1 manojo de espárragos, sin el extremo leñoso, cortados en trozos de 2,5 cm
- ½ taza (125 ml) de cebolletas picadas

PARA EL ALIÑO:

- ½ taza (125 ml) de aguacate
- 2 cucharadas (30 ml) de eneldo fresco picado
- 4 cucharaditas (20 ml) de zumo de limón recién exprimido
- 1 cebolleta, cortada en trozos grandes
- ¼ de cucharadita (12 ml) de sal marina fina, o al gusto, más la necesaria para servir
- Pimienta negra recién molida

Esta receta combina el aguacate con eneldo fresco, cebolleta y zumo de limón para crear un cremoso aliño ligeramente ácido con el que acompañar las patatas y los espárragos asados. ¡Te aseguro que la idea que tienes de una ensalada de patata cambiará para siempre!

En las ensaladas tradicionales se usan patatas cocidas, pero a mí me gusta utilizar patatas asadas para darle a la ensalada un fantástico toque crujiente, muy alejado de la habitual textura blanda, casi de puré. Pruébala, y juzga tú mismo la diferencia.

3 raciones

Tiempo de preparación: 25 minutos | **Tiempo de cocción:** 30-35 minutos

Sin gluten, sin frutos secos, sin soja, sin azúcar, sin cereal

1. Precalienta el horno a 220 °C. Forra con papel vegetal dos bandejas con borde para horno.
2. Extiende una capa uniforme de patatas en una de las bandejas y rocíalas con 1 ½ cucharada (7 ml) del aceite de oliva. Sazona con sal y pimienta.
3. A continuación, extiende también los espárragos que has preparado en la otra bandeja y rocíalos con el aceite que te queda restante (otros 7 ml). Sazónalos con sal y pimienta para terminar.
4. Asa las patatas 15 minutos, dales la vuelta y ásalas de 15 a 20 minutos más, hasta que estén doradas y tiernas al pincharlas con el tenedor. Durante los últimos 15 minutos del asado, introduce en el horno la bandeja de los espárragos y ásalos de 9 a 12 minutos, hasta que veas que están tiernos.

5. A continuación, pon las patatas y los espárragos asados en una fuente grande e incorpora además las cebolletas.

6. Haz el aliño de la ensalada de la siguiente manera: en un procesador de alimentos pequeño, mezcla el aguacate, el eneldo, el zumo de limón, la cebolleta, la sal, la pimienta, al gusto, y ¼ de taza (60 ml) de agua y bátelo todo hasta que tenga una consistencia suave y homogénea.

7. Vierte el aliño sobre las patatas y los espárragos y remueve hasta que esté todo bien mezclado. Sazona con sal y pimienta al gusto y sirve de inmediato. También fría está buena, y guardada en un contenedor hermético aguantará un par de días en la nevera.

Ensalada César vegana con costrones almendrados a las finas hierbas

PARA EL ALIÑO:

- ½ taza (125 ml) de almendras crudas enteras
- 1 cabeza de ajos entera, para asar, más ½ diente de ajo picado (opcional)
- ¼ de taza (60 ml) de aceite de oliva virgen extra
- 4 cucharaditas (20 ml) de zumo de limón recién exprimido
- 1 cucharadita (5 ml) de mostaza de Dijon
- ¼ a ½ cucharadita (1 a 2 ml) de sal marina fina, al gusto
- ¼ de cucharadita (1 ml) de mostaza seca
- ½ cucharadita de pimienta negra recién molida

PARA SERVIR:

- 2 cogollos de lechuga romana, picados, o una mezcla de lechuga romana y hojas de col rizada, sin nervios y partidas con la mano (unas 10 tazas/2,5 l)
- 1 receta de costrones almendrados a las finas hierbas (página 310)

De niña, me crié ayudándole a mi padre a preparar su «famosa» ensalada César cada vez que llegaban las vacaciones. Él iba lavando los cogollos de lechuga romana en el fregadero mientras mi hermana y yo hacíamos cola en la estación de secado para quitarle el agua a cada hoja, a base de delicados toquecitos, con montañas de papel de cocina absorbente. Porque, claro está, alguien que hace una ensalada César tan famosa como la de mi padre desconfía de las centrifugadoras de ensalada, ¿entiendes?, e insiste en que cada hoja de lechuga debe secarse a mano para asegurarnos de que le hemos quitado hasta la última gota de agua.

Aunque me resultaba de lo más tedioso el largo proceso de secado, sabía que pronto estaría sentada a la mesa saboreando aquella ensalada. Supongo que no te sorprenderá que haya querido crear mi propia versión de ensalada César para incluir en este libro, una versión que estuviera a la altura de la de mi padre. Lo siento, papá, pero creo que esta ensalada es aún mejor, ¡y no hace falta echarle huevos crudos! En mi versión, las almendras crudas puestas a remojo crean la base cremosa, y sana, que reemplaza a los huevos crudos o la mayonesa, mientras que el ajo asado le añade cremosidad y un poco de suavidad al aliño. Y no te preocupes: te recomiendo encarecidamente que uses una centrifugadora de ensalada si la tienes. ¡Seamos prácticos!

¾ de taza (175 ml) de aliño (suficiente para 4 a 6 raciones)

Tiempo de preparación: 20 minutos | **Tiempo de cocción:** 35-40 minutos

Sin gluten, sin soja, sin azúcar, sin cereal

1. Haz el aliño: pon las almendras en un cuenco y añade agua hasta cubrirlas. Déjalas a remojo al menos 12 horas, o toda la noche. Enjuágalas y escurre el agua. Quítales la piel presionando la base de cada almendra entre los

dedos pulgar e índice (quitándoles la piel se consigue un aliño de consistencia más suave, pero no es imprescindible hacerlo).

2. Precalienta el horno a 220 ºC.

3. Córtale la parte superior a la cabeza de ajos para que todos los dientes queden al descubierto. Retira cualquier piel suelta que haya. Envuelve la cabeza de ajos en papel de aluminio y colócala sobre una bandeja para horno. Ásala de 35 a 40 minutos, o hasta que los dientes estén blandos y dorados. Déjala enfriar de 10 a 15 minutos, hasta que puedas tocarla sin quemarte. Retira el aluminio, aprieta cada diente de ajo para sacarlo de la piel y ponlos en el vaso del procesador de alimentos.

4. Añade las almendras que has tenido a remojo, el aceite, el zumo de limón, la mostaza de Dijon, la sal, la mostaza seca, la pimienta y ¼ de taza (60 ml) de agua y tritúralo todo hasta conseguir una crema fina, parando de vez en cuando para reincorporar con ayuda de la espátula lo que quede adherido a las paredes del vaso. Prueba el aliño y rectifica la sal y la pimienta. Añade el ajo crudo picado si quieres que el aliño tenga un sabor más intenso a ajo; de lo contrario, no lo uses.

5. Coloca la lechuga en una ensaladera grande y vierte sobre ella la cantidad de aliño que desees. Remueve hasta que la lechuga esté bien impregnada. Justo antes de servir, reparte sobre la ensalada los costrones almendrados a las finas hierbas.

Ensalada de remolacha asada con avellanas, tomillo y reducción balsámica

- 5 o 6 remolachas medianas, peladas y cortadas en rodajas
- ½ taza (125 ml) de avellanas tostadas
- 3 o 4 cucharadas (45 a 60 ml) de reducción balsámica (página 311)
- 1 cucharada (15 ml) de aceite de avellana tostada o aceite de oliva virgen extra
- 6 a 8 ramitas de tomillo fresco

Sugerencia: si quieres ahorrar tiempo, cocina las remolachas el día anterior y consérvalas en el frigorífico hasta que las necesites. Cuando vayas a usarlas, córtalas en rodajas y sírvelas frías o a temperatura ambiente.

Esta ensalada está inspirada en la que sirven en Millenium, uno de mis restaurantes veganos favoritos de San Francisco. Su ensalada de remolacha asada, sencilla y a la vez tan nutritiva, es tan suculenta que cuando la probé, supe que tenía que crear algo parecido en cuanto volviera a casa. Disfruta de esta reconfortante ensalada como entrante de cualquier comida otoñal o invernal.

3 raciones (750 ml)

Tiempo de preparación: 20 minutos | **Tiempo de cocción:** 1 hora y 30 min.

Sin gluten, sin soja, sin azúcar, sin cereal

1. Precalienta el horno a 200 ºC.
2. Envuelve las remolachas de una en una en aluminio y colócalas sobre una bandeja de horno. Ásalas entre 45 y 90 minutos, dependiendo del tamaño, hasta que al pinchar el tenedor entre con facilidad. Déjalas enfriar unos 20 minutos, o hasta que puedas tocarlas sin quemarte.
3. Reduce la temperatura del horno a 150 ºC. Tuesta las avellanas colocadas sobre una bandeja de horno entre 12 y 15 minutos, o hasta que la piel se oscurezca y esté casi desprendida. Colócalas a continuación sobre un paño de cocina húmedo y frótalas con energía hasta que la mayoría de las pieles se hayan desprendido. Tira las pieles y pica las avellanas en trozos irregulares. Reserva.
4. Con cuidado, retira el envoltorio de las remolachas y córtales los dos extremos. Bajo el grifo de agua fría, quítales la piel empujándola con los dedos. Tira las pieles.
5. Corta las remolachas en rodajas finas (32 mm de grosor) y dispón entre 7 y 12 rodajas en cada uno de los 3 platos.
6. Espolvorea un puñado de avellanas tostadas. Rocíalas con un chorrito de aceite y otro de reducción balsámica. Esparce las hojas de 1 o 2 ramitas de tomillo y sirve.

Ensalada gratinada para fines de semana de relax

PARA LAS HORTALIZAS GRATINADAS:

- 6 mazorcas de maíz
- Aceite de coco o de pepitas de uva, para pincelar
- Sal marina fina y pimienta negra recién molida
- 3 pimientos de bola (yo uso 1 rojo, 1 amarillo y 1 naranja), cortados en cuartos
- 2 calabacines medianos, cortados por la mitad en sentido longitudinal

PARA EL ALIÑO:

- 3 cucharadas (45 ml) de aceite de oliva virgen extra
- 3 cucharadas (45 ml) de zumo de lima
- 1 diente pequeño de ajo, picado
- 2 cucharadas (30 ml) de hojas de cilantro fresco, picadas
- 1 cucharadita (5 ml) de sirope de agave u otro edulcorante natural líquido
- ¼ de cucharadita (1 ml) de sal marina fina, más la que sea necesaria
- Pimienta negra recién molida, al gusto

PARA MONTAR LA ENSALADA:

- 1 aguacate, cortado por la mitad y sin hueso
- Sal marina fina y pimienta negra recién molida
- Hojas de cilantro fresco, para servir (opcional)

Sugerencia: si quieres aumentar el contenido proteínico, puedes añadirle un tarro (de 425 g) de frijoles negros, enjuagados y escurridos.

Esta ensalada es ligera, fresca y te dejará con el estómago lleno, además de ser fácil de preparar para cualquier reunión veraniega. La puedes dejar hecha la víspera; basta con que la eches en un contenedor hermético y dejes que los sabores se fundan en el frigorífico durante la noche. Además, se transporta de maravilla a cualquier excursión campestre o como plato con el que contribuir a una comida de grupo. Simplemente, agítala o remuévela bien antes de servir para que el aliño se reparta por igual.

6 raciones

Tiempo de preparación: 20 minutos | **Tiempo de cocción:** 20-25 minutos

Sin gluten, sin frutos secos, sin soja, sin azúcar refinado, sin cereal

1. Haz las hortalizas gratinadas: pincela cada mazorca de maíz con un poco de aceite y sazónalas con sal y pimienta negra. Envuélvelas de una en una con aluminio doméstico, retorciendo los extremos para que no se abra.

2. Pincela con aceite cada trozo de pimiento y de calabacín y sazónalos con sal y pimienta negra.

3. Precalienta el grill a temperatura media unos 10 minutos. Luego, coloca el maíz, los pimientos y los calabacines debajo, a la mayor altura posible. Gratínalos entre 10 y 15 minutos, dándoles la vuelta cada 5 minutos. Cuando los pimientos y los calabacines estén tostados y tiernos, retíralos de debajo del grill y resérvalos en una fuente. Continúa gratinando las mazorcas de maíz de 10 a 15 minutos más, entre 20 y 25 minutos en total. Déjalas que se enfríen luego un poco hasta que puedas tocarlas sin quemarte.

4. Haz el aliño: en un cuenco pequeño, bate juntos con las varillas el aceite de oliva, el zumo de lima, el ajo, el cilantro, el sirope de agave, la sal y pimienta al gusto.

5. Para montar la ensalada, pon de pie cada mazorca de maíz sobre una fuente poco profunda y, con un cuchillo cebollero, suelta los granos de maíz deslizando el cuchillo de arriba abajo a lo largo de la mazorca.

6. Pica los pimientos y los calabacines y colócalos en un recipiente grande. Corta en lonchas el aguacate y añádelo. Agrega los granos de maíz y el aliño y remueve para mezclarlo todo bien. Sazona generosamente con sal y pimienta negra. Yo suelo terminar añadiendo otro puñado de cilantro picado, también, pero eso es opcional.

Ensalada de calabaza delicata, mijo y col rizada con aliño de limón y tahini

- 2 calabazas de la variedad delicata (800 a 900 g en total), cortadas por la mitad en sentido longitudinal y sin pepitas
- 1 cucharada (15 ml) de aceite de pepitas de uva o aceite de coco derretido
- Sal marina fina y pimienta negra recién molida
- 1 taza (250 ml) de mijo o quinoa crudos
- ½ a 1 col rizada, sin nervios, y las hojas cortadas en trozos de 2,5 cm
- 1 receta de aliño de limón y tahini (página 296)
- ½ taza (125 ml) de cebolla roja en dados
- ½ taza (125 ml) de apio picado (1 rama larga, aprox.)
- ½ taza (125 ml) de hojas de perejil fresco, picadas
- 2 cucharadas (30 ml) de arándanos secos
- 2 cucharadas (30 ml) de pipas de calabaza crudas o tostadas

La delicata es la variedad de calabaza que más me gusta preparar porque tiene una corteza fina y comestible, lo cual significa que no es necesario pelarla, y es fácil de picar. En esta ensalada para época otoñal, la col rizada y el mijo van cubiertos de calabaza delicata asada y un aliño cremoso de limón y tahini.

Llena y reconforta a la vez que es ligera y energizante. No te desesperes si no encuentras calabaza delicata; sustitúyela por tu variedad de calabaza favorita.

3 raciones

Tiempo de preparación: 30 minutos | **Tiempo de cocción:** 30 minutos

Sin gluten, sin frutos secos, sin soja, sin azúcar

1. Precalienta el horno a 220 °C. Forra con papel vegetal una bandeja con borde para horno.
2. Corta la calabaza por la mitad y luego en sentido transversal, en trozos de 2,5 cm de ancho (deberían tener forma de U) y colócalos en una sola capa sobre la bandeja de horno forrada de papel vegetal. Rocíales aceite y remuévelos un poco para que se impregnen. Sazona generosamente con sal y pimienta.
3. Asa la calabaza unos 30 minutos, dándoles la vuelta a los trozos una sola vez a mitad de cocción. La calabaza estará lista cuando esté dorada y las púas del tenedor se claven con facilidad.
4. Entretanto, cuece el mijo siguiendo las instrucciones de la página 303.
5. Pon la col rizada en un bol grande y echa por encima de 2 a 4 cucharadas (30 a 60 ml) de Aliño de limón y tahini. Remueve la col con las manos hasta que las hojas estén

bien recubiertas de aliño. Déjala reposar en la encimera al menos 10 o 15 minutos (o más, si quieres) para que el aliño ablande las hojas.

6. Para montar la ensalada, vierte la col impregnada de aliño en una fuente de servir. Reparte el mijo cocido por encima y, a continuación, la cebolla, el apio, el perejil, la calabaza asada, los arándanos y las pipas de calabaza. Rocíale el resto del aliño.

Sugerencia: prueba a asar la cebolla roja junto con la calabaza; obtendrás un intenso sabor caramelizado.

Ensalada festiva de col rizada con vinagreta dulce de manzana y canela y «parmesano» de pacanas

PARA EL «PARMESANO» DE PACANAS:

- ½ taza (125 ml) de pacanas tostadas
- 1 ½ cucharadita (7 ml) de levadura nutricional
- 1½ a 3 cucharaditas (7 a 15 ml) de aceite de oliva virgen extra
- ¼ de cucharadita (1 ml) de sal marina fina

PARA EL ALIÑO:

- 3 cucharadas (45 ml) de vinagre de manzana
- 2 cucharadas más 1 cucharadita (35 ml) de zumo de limón recién exprimido (de ½ limón)
- 2 cucharadas (30 ml) de sirope puro de arce
- ½ cucharadita (2 ml) de canela molida
- ¼ de cucharadita (1 ml) de sal marina fina
- 1 cucharada (15 ml) de aceite de oliva virgen extra o aceite de pepitas de uva
- 2 cucharadas (30 ml) de puré de manzana sin endulzar
- ½ cucharadita (2 ml) de jengibre fresco pelado y picado

PARA EMPLATAR:

- 1 col rizada partida en trocitos
- 1 manzana finamente cortada
- ¼ de taza (60 ml) de arándanos secos
- ½ taza (125 ml) de arilos de granada (de ½ granada aprox.)

Esta ensalada, acompañada de su festivo aliño de canela y sirope de arce, junto a la manzana fresca, los arándanos secos y los arilos de granada, es ideal para prepararla en las vacaciones. La col rizada tiene una consistencia firme, de modo que se puede transportar de maravilla sin que se quede lacia durante el viaje.

Puedes incluso hacer la ensalada la víspera y dejarla en el frigorífico durante la noche para que las hojas de col queden aún más suaves. Te sugiero que añadas el «parmesano» de pacanas justo antes de servirla, para que no se vaya al fondo de la ensalada.

4 a 6 raciones

Tiempo de preparación: 20 minutos | **Tiempo de cocción:** 7-9 minutos

Sin gluten, sin soja, sin azúcar refinado, sin cereal

1. Haz el «parmesano» de pacanas así: precalienta el horno a 150 °C. Extiende las pacanas en una sola capa sobre una bandeja de hornear con borde y tuéstalas en el horno entre 7 y 9 minutos, hasta que estén ligeramente doradas y desprendan un agradable aroma. Déjalas enfriar 5 minutos.

2. En un procesador de alimentos pequeño, mezcla las pacanas tostadas, la levadura, el aceite y la sal y tritúralo todo hasta obtener una mezcla granulada. (También puedes picar las nueces a mano y mezclarlo todo en un cuenco pequeño.) Reserva.

3. Haz el aliño: en un cuenco pequeño, bate juntos con las varillas el vinagre, el zumo de limón, el sirope de arce, la canela, la sal, el aceite, el puré de manzana y el jengibre hasta que queden bien mezclados.

4. Para montar la ensalada, coloca la col en una ensaladera grande y vierte el aliño por encima. Con las manos, ayuda a que las hojas de col queden totalmente recubiertas del aliño. Deja reposar al menos 30 minutos; en ese tiempo, la col se ablandará ligeramente.

5. Cubre las hojas de col con la manzana, los arándanos y los arilos de granada. Justo antes de servir, espolvorea en la ensalada con el «parmesano» de pacanas.

Sugerencia: puedes guardar los nervios y tallos de la col para hacer zumos o batidos, si lo deseas.

Sopas

Suelo decir que hacer una sopa es fácil, pero conseguir la combinación de sabores perfecta puede ser todo un reto. Por eso dedico tanto tiempo a probar las recetas de sopas. Quiero que los sabores me encandilen de verdad el paladar, sobre todo porque como cantidad de sopa durante los inhóspitos y fríos meses de invierno. ¡Estas recetas de sopas te avivarán sin duda las papilas gustativas y te reconfortarán el alma cuando más lo necesitas! La crema de tomate con costrones de garbanzo italiano tostado (página 161) es una de mis favoritas. Me recuerda a mi sopa preferida de la niñez, solo que esta es mucho más sabrosa y no contiene productos de origen animal. Cuando pruebes mis costrones de garbanzo, ¡quizá la idea que tienes de los costrones cambie para siempre!

Las sopas son una manera estupenda de cuidar la salud; me gusta contemplarlas como un cuenco de multivitaminas. Si buscas algo que te ayude a recuperar la energía y te abra el apetito, prueba la sopa desintoxicante «a comerse la verdura» (página 159) o la favorita de los seguidores de mi blog, reconstituyente sopa especiada de lentejas coral y col rizada (página 151); ambas son opciones estupendas que te ayudarán a restablecerte después de un resfriado y a sentirte plenamente en forma, o, ya sabes, a conquistar el mundo.

Potaje africano con cacahuetes
para reconfortar el alma

- 1 cucharadita (5 ml) de aceite de oliva virgen extra
- 1 cebolla dulce mediana, en dados
- 3 dientes de ajo picados
- 1 pimiento rojo de bola, en dados
- 1 pimiento jalapeño, sin semillas y troceado (opcional)
- 1 boniato mediano, pelado y cortado en trocitos de 1 cm
- 1 lata (800 g) de tomates troceados, con su jugo
- Sal marina fina y pimienta negra recién molida
- 1/3 de taza (75 ml) de crema de cacahuete natural
- 4 tazas (1 l) de caldo vegetal, más el que sea necesario
- 1 ½ cucharadita (7 ml) de chile molido
- ¼ de cucharadita (1 ml) de pimienta de Cayena (opcional)
- 1 tarro (425 g) de garbanzos en conserva, enjuagados y escurridos
- 2 puñados de espinacas tiernas o de hojas de col rizada en trozos (solo la parte verde)
- Hojas de cilantro o perejil frescos, para servir
- Cacahuetes tostados, para servir

Sugerencia: ¿te queda algún resto de arroz en la nevera? Esta sopa está deliciosa con un poco de arroz añadido.

Cuando pruebes esta sopa, cremosa y ligeramente especiada, y veas lo bien que sienta, entenderás por qué la crema de cacahuete y el boniato forman una combinación perfecta, que reconforta el alma (como concebida en el mismísimo cielo vegano). Si eres un entusiasta de las especias, te animo a que añadas el toque opcional de pimienta de Cayena para darle a esta receta todavía un poco más de chispa.

6 raciones

Tiempo de preparación: 20 minutos | **Tiempo de cocción:** 25-35 minutos

Sin gluten, sin soja, sin azúcar, sin cereal

1. En una olla grande, calienta el aceite a fuego medio. Añade la cebolla y el ajo y sofríelos durante 5 minutos, o hasta que la cebolla esté traslúcida.

2. Añade el pimiento rojo de bola, el jalapeño (si quieres), el boniato y los tomates con su jugo. Sube el fuego a posición media-alta y déjalo hervir todo suavemente 5 minutos más. Sazona las hortalizas con sal y pimienta negra.

3. En un cuenco mediano, pon la crema de cacahuete y 1 taza (250 ml) de caldo de verduras y bátelos juntos con las varillas hasta que no queden grumos. Incorpora la mezcla a la olla de las hortalizas y añade también las 3 tazas (750 ml) de caldo restantes, el chile molido y la pimienta de Cayena (si lo deseas).

4. Tapa la olla y baja el fuego a posición media-baja. Hierve suavemente de 10 a 20 minutos, o hasta que el boniato esté tierno.

5. Incorpora los garbanzos y las espinacas y déjalo hervir hasta que las espinacas estén lacias. Sazona con sal y pimienta negra al gusto.

6. Sirve el potaje en cuencos y adórnalo con cilantro y cacahuetes tostados.

Reconstituyente sopa especiada de lentejas coral y col rizada

- 1 cucharadita (5 ml) de aceite de oliva o aceite de coco
- 1 cebolla dulce, en dados
- 2 dientes grandes de ajo, picados
- 3 ramas de apio, en dados
- 1 hoja de laurel
- 1 ¼ cucharadita (6 ml) de comino molido
- 2 cucharaditas (10 ml) de chile molido
- ½ cucharadita (2 ml) de cilantro seco molido
- ¼ a ½ cucharadita (1 a 2 ml) de pimentón ahumado, al gusto
- Una pizca (0,5 ml) de pimienta de Cayena
- 1 lata (400 g) de tomates al natural troceados, con su jugo
- 5 a 6 tazas (1,25 a 1,5 l) de caldo vegetal, más el que sea necesario
- 1 taza (250 ml) de lentejas coral sin cocer, enjuagadas y escurridas
- Sal marina fina y pimienta negra recién molida
- 2 puñados de hojas de col rizada, sin nervios, o de espinacas, cortadas en trozos

¿Es normal querer engullir el caldo? ¡Ahora lo es, amigas y amigos! El chile molido, el comino, el cilantro, el pimentón ahumado y la pimienta de Cayena crean un caldo irresistible y de sabor intenso, además de altamente nutritivo. Te despejará la nariz en cuestión de segundos (aunque yo no diría que es exageradamente especiado…, a no ser que te pases con la pimienta de Cayena). Como la mayoría de las sopas vegetales no me quitan el hambre durante demasiado tiempo, probé a añadirle a esta sopa una taza de lentejas coral para aumentar el aporte de proteínas y fibra. Estas apenas tardan 15 minutos en hacerse, y puedes cocinarlo todo junto en la misma olla, ¡más fácil no puede ser! Gracias a las lentejas, esta sopa tiene más de 10 g de proteínas por ración. Añádele un poco de pan, tortitas saladas o arroz pilaf y tendrás una comida deliciosa y completa para compartir con la gente a la que quieres.

3 raciones

Tiempo de preparación: 25 minutos | **Tiempo de cocción:** 30 minutos

Sin gluten, sin frutos secos, sin soja, sin azúcar, sin cereal

1. En una cazuela grande, calienta el aceite a fuego medio. Añade la cebolla y el ajo y sofríelos de 5 a 6 minutos, hasta que la cebolla esté traslúcida. Añade el apio, sazona con la sal y sofríelo todo unos minutos más.
2. Añade el laurel, el comino, el chile molido, el cilantro, el pimentón y la pimienta de Cayena y mézclalo. Saltéalo un par de minutos, hasta que desprenda un aroma apetitoso.
3. Incorpora los tomates y su jugo, el caldo y las lentejas. Espera hasta que todo hierva y baja a fuego medio; déjalo hervir sin tapa durante 25 minutos, hasta que las lentejas estén tiernas. Sazona con sal y pimienta. Retira el laurel.
4. Incorpora las hojas de col cortadas y cuécelo todo unos minutos más, hasta que las hojas de col estén lacias. Servir.

Sopa india de lentejas y coliflor

- 1 cucharada (15 ml) de aceite de coco, u otro aceite
- 1 cebolla amarilla, en dados
- 2 dientes de ajo grandes, picados
- 1 cucharada (15 ml) de jengibre fresco pelado y picado
- 1 a 2 cucharadas (15 a 30 ml) de curry en polvo, al gusto
- 1 ½ cucharadita (7 ml) de cilantro molido
- 1 cucharadita (5 ml) de comino molido
- 6 tazas (1,5 l) de caldo vegetal
- 1 taza (250 ml) de lentejas coral sin cocer, enjuagadas y escurridas
- 1 coliflor mediana, cortada en pequeños ramilletes
- 1 boniato mediano, pelado y cortado en dados
- 2 puñados grandes de espinacas tiernas
- ¾ de cucharadita (4 ml) de sal marina fina, o al gusto
- Pimienta negra recién molida
- Hojas de cilantro fresco picadas, para servir (opcional)

¿**P**or qué será que cuanto más casera y sencilla es una sopa mejor sabe? Esta sopa no tiene un aspecto deslumbrante a primera vista, pero su sabor hará danzar de placer a las papilas gustativas…, o, si eres como yo, quizá seas tú quien, entre cucharada y cucharada, se marque unos pasos de baile en medio de la cocina. (¡En ningún momento he prometido ser normal!) Sus ingredientes básicos, que son las lentejas y la coliflor, hacen de esta sopa un plato muy económico, mientras que las especias indias —el curry en polvo y el jengibre— ten por seguro que te calentarán el cuerpo en los días fríos. La sopa gana en sabor cuando ha reposado, así que al día siguiente suelo disfrutar con los restos todavía más.

4 raciones

Tiempo de preparación: 30 minutos | **Tiempo de cocción:** 32-37 minutos

Sin gluten, sin frutos secos, sin soja, sin azúcar, sin cereal

1. En una cazuela grande, calienta el aceite a fuego medio. Añade la cebolla y el ajo y sofríelos de 5 a 6 minutos, hasta que la cebolla esté traslúcida.
2. Incorpora el jengibre, 1 cucharada del curry en polvo, el cilantro y el comino y rehógalo todo junto 2 minutos más, hasta que desprenda un agradable aroma.
3. Añade el caldo y las lentejas coral y remueve para mezclarlo todo bien. Espera a que hierva suavemente, baja el fuego y déjalo que siga hirviendo 5 minutos más.
4. Incorpora la coliflor y el boniato. Tapa la olla y baja a fuego medio-bajo. Déjalo hervir suavemente durante 20 o 25 minutos, hasta que estén tiernos. Salpimienta y añade más curry en polvo, si lo deseas. Incorpora las espinacas y deja que la sopa siga hirviendo hasta que estén lacias.
5. Sirve la sopa en cuencos y espolvoréale un poco de cilantro, si lo deseas.

Sopa de cosecha estival con tortillas de maíz

- 1 cucharada (15 ml) de aceite de oliva virgen extra
- 1 cebolla amarilla, en dados
- 3 dientes grandes de ajo, picados
- Pimienta negra recién molida
- 1 pimiento rojo de bola, en dados
- 1 jalapeño picado (opcional)
- Maíz en grano, de 2 mazorcas frescas, o 1 ½ taza de maíz congelado
- 1 calabacín mediano, en trozos
- 1 lata (680 g) de tomate triturado
- 3 tazas (750 ml) de caldo vegetal
- 2 cucharaditas (10 ml) de comino molido
- ½ cucharadita (2 ml) de chile molido
- ¼ de cucharada de pimienta de Cayena
- 1 cucharadita (5 ml) de sal marina fina
- 1 tarro o lata (425 g) de frijoles negros, enjuagados y escurridos

ACOMPAÑAMIENTOS OPCIONALES:

- Lonchas de aguacate
- Tiras de tortilla de maíz tostada (mira las sugerencias)
- Zumo de lima fresca
- Cilantro fresco

Sugerencias: para hacer las tiras de tortilla de maíz, sigue la receta de los chips especiados de pita tostada, de la página 113, pero con tortillas de maíz, y córtalas en tiras antes de tostarlas. Si quieres una sopa más nutritiva, añádele arroz integral o salvaje.

Si prefieres no usar productos enlatados, busca tomate triturado en tarro de vidrio. La marca Eden Organics es una de las mejores.

Esta sopa te será de gran ayuda para hacer la transición de finales de verano al otoño. Está repleta de productos estivales, como calabacín, maíz, pimientos y cebollas, así que es una magnífica manera de usar esas hortalizas que aún tienes en el huerto, que recoges de la asociación de agricultura ecológica o que compras en el mercado agrícola. Yo suelo hacer un par de ollas de esta sopa a finales de verano y la congelo para los meses fríos.

4 raciones

Tiempo de preparación: 20 minutos | **Tiempo de cocción:** 25-30 minutos

Sin gluten, sin frutos secos, sin soja, sin azúcar, opción sin cereal

1. En una cazuela grande, calienta el aceite a fuego medio. Añade la cebolla y el ajo y sofríelos durante 5 minutos. Sazona con sal y pimienta negra.

2. Incorpora el pimiento rojo de bola, el jalapeño (si quieres), el maíz y el calabacín. Sube el fuego a posición media-alta y saltéalo todo 10 minutos más.

3. Añade el tomate triturado, el caldo, el comino, el chile molido y la pimienta de Cayena. Sazona con sal y pimienta negra

4. Espera a que la sopa empiece a hervir y baja el fuego a posición media. Déjalo hervir suavemente, destapado, entre 10 y 15 minutos, hasta que las hortalizas estén tiernas. Incorpora los frijoles negros y deja que hierva todo junto 2 minutos más.

5. Sirve la sopa en cuencos y adórnalo con el acompañamiento que prefieras.

Sopa vegetal de diez especias con nata de anacardos

- ¾ de taza (175 ml) de anacardos crudos, puestos previamente a remojo (página 33)
- 6 tazas (1,5 l) de caldo vegetal
- 2 cucharaditas (10 ml) de aceite de oliva virgen extra
- 4 dientes de ajo, picados
- 1 cebolla dulce o amarilla, en dados
- 3 zanahorias medianas, en trozos
- 1 pimiento rojo de bola, en trozos
- 1 ½ taza (375 ml) de boniatos, patatas o calabaza moscada, pelados y troceados
- 2 tallos de apio, picados
- 1 lata (800 g) de tomates de lata troceados, con su jugo
- 1 cucharada (15 ml) de mezcla de diez especias (página 296)
- Sal marina fina y pimienta negra recién molida, al gusto
- 2 hojas de laurel
- 1 o 2 tazas de espinacas tiernas u hojas de col rizada en trozos (solo la parte verde) (opcional)
- 1 lata (425 g) de garbanzos u otra legumbre, enjuagados y escurridos (opcional)

Sugerencias: si no dispones de los ingredientes para hacer la mezcla de diez especias, puedes recurrir a tu marca favorita de sazonador en polvo tipo cajun o creole ya preparado y añadirlo al gusto.

Esta sopa, hecha con un exquisito caldo cremoso y repleta de todo un repertorio de especias que es una auténtica inyección de vitalidad, posiblemente sea un plato reconfortante sin igual. ¡Un solo bol sabe a poco! Acuérdate de poner los anacardos a remojo la víspera (o al menos tres o cuatro horas antes) para que estén listos cuando tengas planeado preparar la sopa.

6 raciones

Tiempo de preparación: 30 minutos | **Tiempo de cocción:** 30 minutos

Sin gluten, sin soja, sin azúcar, sin cereal

1. En una batidora, mezcla los anacardos, puestos a remojo y escurridos, con 1 taza (250 ml) del caldo vegetal y bátelo a velocidad máxima hasta que la mezcla tenga una consistencia suave. Reserva.

2. En una olla grande, calienta el aceite a fuego medio. Añade el ajo y la cebolla y sofríelos de 3 a 5 minutos, hasta que la cebolla esté traslúcida.

3. Añade las zanahorias, el pimiento de bola, los boniatos o patatas, el apio, los tomates troceados con su jugo, las 5 tazas (1,25 l) de caldo restantes, la nata de anacardos y la mezcla de diez especias. Remueve bien hasta combinarlo todo. Ponlo a hervir y luego baja el fuego a posición media-baja. Sazona con sal y pimienta y añade las hojas de laurel.

4. Deja que la sopa hierva suavemente, sin tapar, durante al menos 20 minutos, hasta que las hortalizas estén tiernas. Sazona con sal y pimienta negra. Durante los últimos 5 minutos de cocción, incorpora las espinacas y las legumbres, si lo deseas. Retira las hojas de laurel antes de servir.

Sopa desintoxicante
«a comerse la verdura»

- 1 ½ cucharadita (7 ml) de aceite de coco o de oliva
- 1 cebolla dulce, cortada en dados
- 3 dientes de ajo, picados
- 3 tazas (750 ml) de champiñones cremini o de champiñones comunes, en láminas
- 1 taza (250 ml) de zanahorias troceadas
- 2 tazas (500 ml) de floretes de brócoli, troceados
- Sal marina fina y pimienta negra recién molida, al gusto
- 1 ½ a 3 cucharaditas (7 a 15 ml) de jengibre fresco pelado y rallado
- ½ cucharadita (2 ml) de cúrcuma molida
- 2 cucharaditas (10 ml) de comino molido
- 1/3 de cucharadita (0,5 ml) de canela molida
- 5 tazas (1,25 l) de caldo vegetal
- 2 láminas grandes de alga nori, cortadas en tiras (de 2,5 cm) (opcional)
- 2 tazas (500 ml) de hojas de col rizada en trozos
- Zumo de limón recién exprimido, para servir (opcional)

¡Llamada a todos los amantes de la verdura! Esta sopa es estupenda para depurar y desintoxicar el cuerpo, sobre todo antes o después de los pequeños excesos que nos permitimos en época de vacaciones. Está hecha con diversos ingredientes desintoxicantes que refuerzan además el sistema inmunitario —brócoli, jengibre, champiñones, col rizada, alga nori y ajo— y que te ayudarán a volver con facilidad a los buenos hábitos alimentarios.

3 raciones

Tiempo de preparación: 25 minutos | **Tiempo de cocción:** 20-30 minutos

Sin gluten, sin frutos secos, sin soja, sin azúcar, sin cereal

1. En una olla grande, calienta el aceite a fuego medio. Añade la cebolla y el ajo y sofríelos unos 5 minutos, hasta que la cebolla esté blanda y traslúcida.

2. Agrega los champiñones, las zanahorias y el brócoli y remueve bien hasta combinarlo todo. Sazónalo con sal y pimienta y sigue rehogando 5 minutos más.

3. Incorpora el jengibre, la cúrcuma, el comino y la canela y rehógalo todo 1 o 2 minutos, hasta que desprenda un agradable aroma.

4. Añade el caldo y remueve hasta mezclarlo todo bien. Ponlo a hervir y luego baja el fuego a temperatura media-baja y deja que hierva suavemente hasta que las hortalizas estén tiernas, de 10 a 20 minutos.

5. Justo antes de servir, incorpora el alga nori (si quieres usarla) y la col rizada y deja cocer hasta que las hojas de col estén lacias. Sazona con sal y pimienta y un chorrito de zumo de limón recién exprimido, si lo deseas.

Crema de tomate con costrones de garbanzo italiano tostado

PARA LOS COSTRONES DE GARBANZO:

- 1 lata (425 g) de garbanzos, enjuagados y escurridos
- 1 cucharadita (5 ml) de aceite de pepitas de uva o aceite de coco derretido
- ½ cucharadita (2 ml) de orégano seco
- Una pizca (0,5 ml) de pimienta de Cayena
- 1 cucharadita (5 ml) de ajo en polvo
- ¼ de cdta. (1 ml) de cebolla en polvo
- ¾ de cucharadita (4 ml) de sal marina fina o Herbamare

PARA LA SOPA DE TOMATE:

- 1 cucharada (15 ml) de aceite de oliva virgen extra
- 1 cebolla amarilla en dados
- 2 dientes grandes de ajo, picados
- ½ taza (125 ml) de anacardos crudos, puestos a remojo (página 33)
- 2 tazas (500 ml) de caldo vegetal
- 1 lata (800 g) de tomates enteros pelados, con su jugo
- ¼ de taza (60 ml) de tomates secos en aceite, escurridos
- 3 o 4 cucharadas (45 a 60 ml) de tomate concentrado o pasta de tomate
- ½ a 1 cucharadita (2 a 5 ml) de orégano seco
- ¾ a 1 cucharadita (4 a 5 ml) de sal marina fina
- ½ cdta. (2 ml) de pimienta negra
- ¼ a ½ cdta. (1 a 2 ml) de tomillo seco

PARA SERVIR:

- Hojas de albahaca fresca
- Aceite de oliva
- Pimienta negra recién molida

Esta es una clásica sopa de tomate con base cremosa, solo que reformada para que sea sana y sin productos de origen animal. Incorporar a la sopa una pequeña cantidad de anacardos previamente remojados transforma la base de tomate en una suculenta crema, y los tomates secos le añaden intensidad de sabor a esa base de tomate. Por otra parte, los crujientes «costrones» de garbanzo italiano tostado hacen innecesario acompañar la sopa con los tradicionales costrones de pan. Acuérdate de poner los anacardos a remojo la víspera (o al menos tres o cuatro horas antes) a fin de que estén listos para cuando tengas pensado hacer la sopa.

8 raciones

Tiempo de preparación: 20 minutos | **Tiempo de cocción:** 30-40 minutos

Sin gluten, sin soja, sin azúcar, sin cereal

1. Haz los costrones: precalienta el horno a 220 °C. Forra con papel absorbente de cocina una bandeja de hornear grande con borde. Coloca encima los garbanzos y cúbrelos con un par de papeles absorbentes más. Envuélvelos y haz un poco de presión con las manos hasta que los garbanzos queden totalmente secos. Retira el papel absorbente.

2. Pasa los garbanzos a un cuenco grande y añádeles el aceite, el orégano, la pimienta de Cayena, el ajo en polvo, la cebolla en polvo y la sal. Forra con papel vegetal la bandeja de horno y luego coloca sobre ella los garbanzos en una capa uniforme.

3. Hornea 15 minutos. A continuación, sacude ligeramente la bandeja de un lado a otro y hornea 15 o 20 minutos más, vigilando con atención, hasta que los garbanzos estén dorados y bien tostados.

4. Saca la bandeja del horno y deja enfriar los garbanzos al menos 5 minutos. Irán quedando crujientes al enfriarse.

5. Haz la sopa de tomate: en una olla grande, calienta el aceite a fuego medio. Añade la cebolla y el ajo y sofríelos de 5 a 6 minutos, hasta que la cebolla esté traslúcida.

6. En una batidora, mezcla los anacardos previamente remojados y el caldo y bate a velocidad alta hasta conseguir una crema fina. Añade la mezcla de ajo y cebolla, los tomates enteros y su jugo, los tomates secos y el concentrado de tomate y vuelve a batir a velocidad alta hasta obtener una crema homogénea.

7. Vierte la mezcla de tomate en la olla en la que has sofrito las cebollas, y ponla a fuego medio-alto. Cuando empiece a hervir, incorpora el orégano, la sal, la pimienta negra y el tomillo, todos al gusto.

8. Deja hervir suavemente a fuego medio, sin tapar, de 20 a 30 minutos, hasta que hayan aflorado los sabores.

9. Sirve la crema en cuencos y coloca encima entre un tercio y media taza (75 a 125 ml) de costrones de garbanzo. Adorna con hojas de albahaca fresca picadas, un chorrito de aceite de oliva y pimienta negra recién molida.

Sugerencias: los garbanzos perderán el punto crujiente al contacto con la sopa, así que acuérdate de añadirlos justo antes de sentarte a comer, o puedes incluso ir añadiéndolos mientras la comes.

Si te sobran garbanzos, una vez fríos pásalos a una bolsa de congelar o un contenedor y guárdalos en el congelador. Si se congelan, tienden a conservar el punto crujiente mejor que si se dejan a temperatura ambiente. Para recalentarlos, basta con que los introduzcas en el horno a 220 °C unos 5 minutos, hasta que estén bien descongelados. Y ¡sorpresa!: ¡garbanzos tostados al instante!

Platos principales

Cuando creo recetas, me parece importante que sean del agrado tanto de carnívoros como de veganos; si no cumplen este requisito, caben dos posibilidades: o no consiguen el aprobado o trabajo con diligencia hasta que superan la prueba. Cocino para muchos omnívoros, así que estoy convencida de que las recetas de este capítulo harán disfrutar prácticamente a cualquiera. Seguro que todos estamos de acuerdo en una cosa: ¡nos gusta la comida que sabe bien! Encontrarás varias cenas saludables para noches de entre semana, como la salsa de tomate con champiñones para fortalecer el sistema inmunitario (página 181), la pasta cremosa con aguacate lista en 15 minutos (página 191) y el chana masala fácil y rápido de preparar (página 183), así como platos más elaborados, como el popular pastel de lentejas y nueces (página 183) y el suculento estofado tex-mex para niños y mayores (página 169). Y si lo que buscas es una hamburguesa que guste a todo el mundo, ese es precisamente el caso de nuestra hamburguesa vegana favorita (página 175) o, si quieres una opción más rápida, también con la hamburguesa Portobello a la parrilla (página 187) se te hará la boca agua.

Enchiladas de boniato y frijoles negros con salsa cremosa de aguacate y cilantro

PARA LAS ENCHILADAS:

- 2 tazas (500 ml) de boniatos, pelados y cortados en trozos pequeños
- 1 cucharada (15 ml) de aceite de oliva virgen extra
- 1 cebolla roja, troceada
- 2 dientes grandes de ajo picados
- Sal marina fina y pimienta negra recién molida
- 1 pimiento de bola, troceado
- 1 lata o tarro (425 g) de frijoles negros, enjuagados y escurridos
- 2 puñados grandes de espinacas, cortadas en trozos irregulares
- 2 ½ tazas (625 ml) de salsa para enchiladas en 5 minutos (página 315) o salsa para enchiladas comprada
- 1 cucharada (15 ml) de zumo de lima recién exprimido
- 1 cucharadita (5 ml) de chile molido, o al gusto
- ½ cucharadita (2 ml) de comino molido
- ½ cucharadita (2 ml) de sal kosher, o al gusto
- 5 tortillas de cereal germinado o tortillas de maíz, sin gluten

PARA LA SALSA CREMOSA DE AGUACATE Y CILANTRO:

- ½ taza (125 ml) de cilantro fresco
- 1 aguacate mediano, sin hueso
- 2 cucharadas (30 ml) de zumo de lima
- ¼ de cdta. (1 ml) sal marina fina
- ½ cucharadita (2 ml) de ajo en polvo

- Hojas de cilantro fresco, para servir
- Cebolleta en trocitos, para servir

Es muy posible que te olvides totalmente del queso cuando des el primer bocado a estas enchiladas de boniato, frijoles negros y espinacas. La cremosa salsa de aguacate que las cubre, aromatizada con cilantro, lima, ajo y comino, irresistible y a la vez sana, hace de ellas el no va más. No hace falta queso. Y la salsa para enchiladas en 5 minutos es tan sabrosa y fácil de hacer que ¡nunca volverás a usar salsa de supermercado!

5 raciones

Tiempo de preparación: 30 minutos | **Tiempo de cocción:** 20-25 minutos

Opción sin gluten, sin frutos secos, sin soja, sin azúcar

1. Precalienta el horno a 180 ºC. Engrasa ligeramente una fuente rectangular grande (2,8 l) para horno.

2. Haz las enchiladas: pon el boniato en un cazo mediano y añade agua hasta cubrirlo. Coloca el cazo al fuego y, cuando empiece a hervir, baja la llama a posición media-baja y hierve suavemente de 5 a 7 minutos, o hasta que esté tierno. Escurre el agua y reserva el boniato.

3. En una sartén grande de hierro fundido, calienta el aceite a fuego medio. Añade la cebolla y el ajo y sofríelos unos 5 minutos, hasta que la cebolla esté traslúcida. Sazona con sal y pimienta negra.

4. Añade el pimiento de bola, el boniato cocido, los frijoles y las espinacas. Sube el fuego a posición media-alta y déjalo sofreírse todo unos minutos más, o hasta que las espinacas estén lacias.

5. Aparta la sartén del fuego e incorpora ¼ de taza (60 ml) de la salsa para enchiladas, el zumo de lima, el chile molido, el comino y la sal kosher.

6. Extiende uniformemente 1 taza (250 ml) de la salsa para enchiladas sobre la fuente de horno que has preparado.

Coloca sobre cada tortilla ¾ de taza (175 ml) del relleno de boniatos. Enrolla las tortillas y colócalas, con el lado de unión hacia abajo, dentro de la fuente. Extiende el resto de la salsa para enchiladas sobre las tortillas y, si te ha sobrado algo de relleno, extiéndelo por encima también.

7. Hornea las enchiladas, sin tapar, de 20 a 25 minutos, hasta que la salsa tenga un color rojo oscuro y las enchiladas estén calientes por dentro.

8. Entretanto, haz la salsa cremosa de aguacate y cilantro: en un procesador de alimentos, tritura el cilantro. Añade el aguacate, el zumo de lima, la sal marina, el ajo en polvo y 3 cucharadas (45 ml) de agua y bátelo junto hasta que esté cremoso, deteniéndote cuando sea preciso para reincorporar la salsa que se adhiera a las paredes del vaso.

9. Cuando las enchiladas estén listas para servir, colócalas en platos individuales y rocíalas o cúbrelas con un poco de salsa cremosa de aguacate y cilantro, o cúbrelas con ella. Adorna con cilantro fresco y cebolleta, si lo deseas.

Suculento estofado tex-mex
para niños y mayores

PARA LA MEZCLA DE ESPECIAS TEX-MEX:

- 1 cucharada (15 ml) de chile molido
- 1 ½ cdtas. (7 ml) de comino molido
- 1 cucharadita (5 ml) de pimentón dulce ahumado, o ½ cucharadita (2 ml) de pimentón normal
- ¼ de cdta. (1 ml) de pimienta de Cayena
- 1 ¼ cdtas. (6 ml) de sal marina fina
- ¼ de cucharadita (1 ml) de cilantro molido (opcional)

PARA EL ESTOFADO:

- 1 ½ cucharadita (7 ml) de aceite de oliva virgen extra
- 1 cebolla roja, en dados
- 3 dientes de ajo, picados
- 1 pimiento naranja, en dados
- 1 pimiento de bola rojo, en dados
- 1 jalapeño (si lo deseas), troceado
- Sal marina fina y pimienta negra
- ½ taza (125 ml) de maíz fresco o congelado
- 1 lata (400 g) de tomates troceados con su jugo
- 1 taza (250 ml) de salsa de tomate
- 2 o 3 tazas (500 a 750 ml) de hojas de col rizada o espinacas tiernas, troceadas
- 1 lata o tarro (425 g) de alubias negras
- 3 tazas (750 ml) de arroz salvaje, o arroz integral (página 318)
- ½ taza (125 ml) de queso vegano rallado, Daiya, por ejemplo
- 1 o 2 puñados de chips de tortilla de maíz, desmenuzados

ACOMPAÑAMIENTOS OPCIONALES:

- Cebolleta en trocitos, salsa mexicana o aguacate, chips de maíz, nata de anacardos (página 293)

De todos los estofados que puse a prueba para este libro, este es el que convenció a todos —mujeres, hombres, niños y niñas incluidos—. Se asemeja a un burrito servido en un cuenco, y es sabroso y reconfortante a partes iguales. Nunca deja de sorprenderme que una comida compuesta básicamente de unos pocos ingredientes sencillos —arroz, alubias y hortalizas— pueda resultar tan exquisita. Aunque el estofado está rico de por sí, me parece que está más rico todavía con una generosa cantidad de acompañamientos, como trozos de aguacate, salsa mexicana, tortillas de maíz crujientes y Nata de anacardos (página 293), así que ¡deja volar la imaginación!

6 raciones

Tiempo de preparación: 30 minutos

Tiempo de cocción: 20 minutos, más tiempo de cocción del arroz

Sin gluten, sin frutos secos, sin soja, sin azúcar

1. Haz la mezcla de especias tex-mex: En un cuenco pequeño, mezcla el chile molido, el comino, el pimentón, la pimienta de Cayena, la sal y el cilantro (si lo deseas). Resérvala.

2. Haz el estofado: precalienta el horno a 190 °C. Engrasa una olla grande (de 4 a 6 l) apta para horno.

3. En un wok grande, calienta el aceite a fuego medio. Añade la cebolla, el ajo, el pimiento de bola y el jalapeño, y sofríelo todo de 7 a 8 minutos, hasta que se haya ablandado. Sazona con sal y pimienta negra.

4. Incorpora la mezcla de especias tex-mex, el maíz, los tomates troceados y su jugo, la salsa de tomate, la col rizada,

las alubias, el arroz y ¼ de taza (60 ml) del queso vegano rallado. Rehógalo todo unos minutos más y vuelve a sazonar con sal y pimienta, si lo deseas.

5. Vierte la mezcla en la olla que has preparado y alisa la superficie. Espolvorea por encima los chips de tortilla desmenuzados y el ¼ de taza (60 ml) restante de queso vegano. Cubre la olla con una tapa o papel de aluminio y hornea 15 minutos.

6. A continuación, destapa la olla y sigue horneando entre 5 y 10 minutos más, hasta que burbujee y empiecen a dorarse los bordes.

7. Sirve el estofado en cuencos y añade los acompañamientos deseados.

Sugerencia: te aconsejo que cocines el arroz de antemano para poder confeccionar la receta mucho más rápido. Puedes incluso usar arroz precocinado congelado (y simplemente descongelarlo antes de usar).

Tallarines enriquecidos, dos versiones: thai de cacahuete, y miso, naranja y sirope de arce

PARA LA SALSA THAI DE CACAHUETE:

- 1 diente grande de ajo
- 2 cucharadas (30 ml) de aceite de sésamo
- 3 cucharadas (45 ml) de crema suave natural de cacahuete o almendras
- 2 cucharaditas (10 ml) de jengibre fresco rallado (opcional)
- 3 cucharadas (45 ml) de zumo de lima
- 2 cucharadas más 1 cucharadita (35 ml) de salsa tamari baja en sodio
- 1 o 2 cucharaditas (5 a 10 ml) de azúcar granulado (opcional)

PARA EL ALIÑO DE MISO CON NARANJA Y SIROPE DE ARCE:

- 3 cucharadas (45 ml) de miso ligero
- 2 cucharadas (30 ml) de vinagre de arroz
- 1 cucharada (15 ml) de aceite de sésamo tostado
- 1 cucharada (15 ml) de tahini
- ¼ de taza (60 ml) de zumo de naranja recién exprimido
- 1 cucharada (15 ml) de agua
- 1 cucharadita (5 ml) de sirope de arce

PARA LA ENSALADA:

- 115 g de tallarines de soba (trigo sarraceno), sin gluten
- Aceite de oliva virgen extra, para los tallarines
- 1 bolsa (450 g) de edamame desgranadas congeladas
- 1 pimiento rojo de bola, en dados
- ½ pepino (inglés), en dados
- 1 zanahoria, en juliana
- 4 cebolletas, picadas
- ¼ de taza (60 ml) de hojas de cilantro fresco, picadas
- Semillas de sésamo, para servir

Elegir entre la salsa thai de cacahuete y la salsa de miso con naranja y sirope de arce fue como tener que elegir al hijo favorito, así que está claro que tuve que incluir en el libro las dos. Siempre es divertido disponer de opciones, ¿no te parece? El aliño de miso es una opción estupenda si prefieres acompañar los tallarines de un aliño sin frutos secos, y el aliño thai de cacahuete es el ideal si eres entusiasta de la crema de cacahuete o de almendra.

4 raciones

Tiempo de preparación: 25 minutos | **Tiempo de cocción:** 5-9 minutos

Sin gluten, opción sin frutos secos (aliño de miso con naranja y sirope de arce), opción sin soja

1. Haz la salsa thai de cacahuete: en un procesador de alimentos pequeño, mezcla el ajo, el aceite de sésamo, la crema de cacahuete, el jengibre (si quieres), el zumo de lima, el tamari, el azúcar (opcional) y 2 o 3 cucharadas (30 a 45 ml) de agua. Bátelo hasta que esté bien mezclado.

   O:

   Haz el aliño de miso con naranja y sirope de arce: en un procesador de alimentos pequeño o de tamaño normal, mezcla el miso, el vinagre, el aceite de sésamo, el tahini, el zumo de naranja, el agua y el sirope de arce y bátelo todo junto hasta que esté bien combinado.

2. Haz la ensalada: cocina los tallarines de soba siguiendo las instrucciones del paquete. Ten cuidado de no cocerlos demasiado —deberían tardar solo entre 5 y 9 minutos en estar listos, dependiendo de la marca—. Escurre los

tallarines y enjuágalos bajo el chorro de agua fría. Pásalos a una ensaladera grande, rocíales un chorrito de aceite de oliva virgen extra y remuévelos (esto impedirá que se peguen entre sí).

3. Añade a la ensaladera las edamame, el pimiento de bola, el pepino, la zanahoria, las cebolletas (reserva algunps trocitos para cuando vayas a servir) y el cilantro y remuévelo hasta que esté bien mezclado.

4. Vierte la cantidad que desees del aliño sobre la ensalada y remueve para que se impregne.

5. Reparte la ensalada en 4 cuencos y adorna cada uno de ellos con unas semillas de sésamo y algunos trocitos de cebolleta. En caso de que haya sobrado algo de aliño, sírvelo en una jarrita aparte.

Sugerencias: si prefieres una salsa thai de cacahuete que no contenga soja, sustituye el tamari por salsa de aminoácidos de coco. Para eliminar totalmente la soja de este plato, omite también las edamame.

Si necesitas una receta de salsa de miso que no contenga soja ni gluten, hazla con miso de garbanzo. La marca que uso habitualmente es South River, y queda delicioso en esta salsa.

Si lo que quieres es una versión cruda, sirve calabacines en juliana o en espiral (página 45) en vez de los tallarines de soba.

Nuestra hamburguesa vegana favorita

- 3 cucharadas (45 ml) de semillas de lino molidas
- 1 lata (425 g) de alubias negras, enjuagadas y escurridas
- 1 taza (250 ml) de zanahorias o boniatos rallados
- 1/3 de taza (75 ml) de perejil o cilantro frescos picados
- 2 dientes de ajo grandes, picados
- ½ taza (125 ml) de cebolla roja o amarilla picada fina
- ½ taza (125 ml) de semillas de girasol, tostadas si se prefiere
- ¾ de taza (175 ml) de copos de avena sin gluten, convertidos en harina
- ½ taza (125 ml) de pan rallado de espelta o pan rallado de cereal germinado (página 291), opcional
- ½ cucharada (7,5 ml) de aceite de oliva virgen extra
- 1 o 2 cucharadas (15 a 30 ml) de tamari o salsa de aminoácidos de coco
- 1 cucharadita (5 ml) de chile molido
- 1 cucharadita (5 ml) de orégano seco
- 1 cucharadita (5 ml) de comino molido
- ¾ a 1 cucharadita (3,5 a 5 ml) de sal marina fina
- Pimienta negra recién molida

Sugerencias: para hacer una versión sin gluten de estas hamburguesas, usa copos de avena con certificado de no contener gluten y tamari sin gluten, y omite el pan rallado.

Para prepararlas sin soja, usa tamari que no esté hecho de soja (con base de arroz integral, por ejemplo) o salsa de aminoácidos de coco.

Estas nutritivas y sabrosas hamburguesas veganas tienen todos los elementos que a mi familia y a mí nos encantan de una hamburguesa: son consistentes y agradables de masticar además de sustanciosas, y no se deshacen al cocinarlas. Las hamburguesas veganas son fantásticas porque se conservan en perfecto estado toda la semana, y puedes congelarlas después de cocinadas para poder disponer rápidamente de una comida en el momento que lo necesites.

Sírvelas con bollos de semillas tostados, envueltas en hojas de lechuga o también desmenuzadas sobre las ensaladas. La verdad es que no te fallarán, las uses como las uses. Esta receta está inspirada en Shelley Adams, autora de la serie de libros de cocina Whitewater Cooks.

La encontrarás en Internet en whitewatercooks.com. ¡Gracias, Shelley!

8 raciones

Tiempo de preparación: 25 minutos | **Tiempo de cocción:** 30-35 minutos

Sin frutos secos, sin azúcar, opción sin gluten, opción sin soja

1. Precalienta el horno a 180 °C. Forra con papel vegetal una bandeja de horno.
2. En un cuenco pequeño, mezcla las semillas de lino con un tercio de taza (75 ml) de agua templada y déjalas reposar de 5 a 10 minutos, hasta que la mezcla haya espesado.
3. En un bol grande, aplasta las alubias negras y conviértelas en una pasta, dejando algunas enteras para que le den textura.
4. Incorpora el resto de los ingredientes y la mezcla de semillas de lino. Ajusta las cantidades de sal y pimienta a tu gusto, si lo deseas. Mézclalo todo bien.

5. Con las manos ligeramente húmedas, divide la masa en 8 porciones y dales forma. Aprieta bien la masa para que las hamburguesas queden compactas mientras se cocinan y colócalas sobre la bandeja de horno que has preparado.

6. Hornea 15 minutos, luego dales la vuelta con cuidado y hornéalas de 15 a 20 minutos más, hasta que estén firmes y doradas. También puedes terminarlas a la parrilla: precalienta la parrilla en la cocina a fuego medio. Hornéalas a 180 °C unos 15 minutos y luego ponlas sobre la parrilla, unos minutos por cada lado hasta que estén ligeramente doradas.

7. Sirve con bollos tostados o envueltas en hojas de lechuga.

Burritos de quinoa y brócoli con «queso» de anacardos

PARA LA SALSA DE «QUESO» DE ANACARDOS:

- ¾ de taza (175 ml) de anacardos crudos
- 1 diente de ajo
- ½ taza (125 ml) de leche de almendras sin edulcorantes ni aromatizantes
- ¼ de taza (60 ml) de levadura nutricional
- 1 ½ cucharadita (7 ml) de mostaza de Dijon
- 1 cucharadita (5 ml) de vinagre de vino blanco o zumo de limón
- ¼ de cucharadita (1 ml) de cebolla en polvo
- ½ cucharadita (2 ml) de sal marina fina

PARA LOS BURRITOS:

- 1 taza (250 ml) de quinoa cruda
- 1 cucharadita (5 ml) de aceite de oliva virgen extra
- 1 diente de ajo, picado
- 1 ½ taza (375 ml) de cebollas dulces, en dados
- Sal marina fina y pimienta negra recién molida
- ¾ de taza (175 ml) de apio cortado en trocitos
- 2 tazas (500 ml) de floretes de brócoli
- 3 a 4 cucharadas (45 a 60 ml) de tomates secos conservados en aceite, al gusto
- ¼ de cucharadita de pimiento rojo seco en escamas (opcional)
- 4 tortillas blandas de maíz, sin gluten, u hojas grandes de lechuga

Este burrito me recuerda al clásico guiso de brócoli con queso, solo que en este caso está combinado con quinoa, sin gluten y repleta de proteínas, en vez de con pasta, y lleva mi aterciopelada salsa de «queso» de origen vegetal. Envuelve este relleno caliente y cremoso en una tortilla y tendrás un burrito con auténtico sabor a hogar.

4 raciones

Tiempo de preparación: 25 minutos | **Tiempo de cocción:** 20-30 minutos

Sin gluten, sin soja, sin azúcar

1. Haz la salsa de «queso» de anacardos: Pon los anacardos a remojo en un cuenco, con agua que los cubra, durante al menos 3 o 4 horas, o más si es posible. Enjuágalos y escúrrelos.

2. En un procesador de alimentos o una batidora, mezcla los anacardos, el ajo, la leche de almendras, la levadura, la mostaza, el vinagre, la cebolla en polvo y la sal y bátelos hasta conseguir una salsa suave, pero muy espesa.

3. Haz el burrito: cuece la quinoa siguiendo las instrucciones de la página 318. Resérvala.

4. En un wok grande, calienta el aceite a fuego medio. Añade el ajo y la cebolla y sofríelos 5 minutos aproximadamente, hasta que la cebolla esté traslúcida. Salpimienta.

5. Incorpora el apio, el brócoli y los tomates secos, al gusto. Rehógalos a fuego medio-alto hasta que el brócoli esté tierno, entre 10 y 15 minutos.

6. Añade al wok la quinoa y la salsa de «queso» y remueve para mezclarlas bien con las hortalizas. Añade las escamas de pimiento rojo, si lo deseas. Déjalo al fuego hasta que el calor esté repartido por igual, de 5 a 10 minutos. Rellena las tortillas con esta mezcla, envuélvelas y sirve. También puedes gratinar o prensar los burritos antes de servir.

Salsa de tomate con champiñones para fortalecer el sistema inmunitario

- 1 cucharada (15 ml) de aceite de oliva virgen extra
- 1 cebolla amarilla, en dados
- 4 dientes de ajo, picados (2 cucharadas/30 ml aprox.)
- 3 tazas (750 ml) de champiñones cremini en láminas
- ½ taza (125 ml) de albahaca fresca comprimida, picada
- 1 lata (800 g) de tomates enteros o troceados, con su jugo
- 6 a 8 cucharadas (90 a 125 ml) de tomate concentrado o pasta de tomate
- ½ a 1 cucharadita (2 a 5 ml) de sal marina fina, al gusto
- 1 ½ cucharadita (7 ml) de orégano seco
- ½ cucharadita (2 ml) de tomillo seco
- ¼ de cucharadita (1 ml) de pimiento rojo seco en escamas o pimienta de Cayena (opcional)
- 2 cucharadas (30 ml) de semillas de chía (opcional)
- 1 taza (250 ml) de lentejas cocidas (opcional)

Sugerencia: me gusta añadirle a esta salsa 1 taza (250 ml) de lentejas cocidas (o tofu o tempeh desmigados) para reforzar el contenido de proteínas. Si tienes hijos y no les desagrada la textura de las lentejas, tritúralas un poco en el procesador de alimentos antes de añadirlas a la salsa. Tendrán una textura similar a la de la carne de vacuno picada y ayudarán a espesar la salsa estupendamente.

Esta es mi salsa de espaguetis por excelencia, la que nunca me falla como acompañamiento para los platos de pasta, los tallarines de calabacín o la calabaza espagueti. Los champiñones son opcionales, pero le confieren una textura suculenta y carnosa además de contener nutrientes con efecto antiinflamatorio y fortalecedor del sistema inmunitario. Me gusta añadirle un par de cucharadas (30 ml) de semillas de chía, que ayudan a espesar la salsa y aportan sus saludables ácidos grasos omega-3. ¡Posiblemente sea una de las salsas más sustanciosas y saludables que salen de mi cocina!

5 o 6 tazas (1,25 a 1,5 l)

Tiempo de preparación: 20 minutos | **Tiempo de cocción:** 30 minutos

Sin gluten, sin frutos secos, sin soja, sin azúcar, sin cereal

1. En una olla grande, calienta el aceite a fuego medio. Añade la cebolla y el ajo y saltéalos de 5 a 6 minutos, hasta que la cebolla esté traslúcida. Sazona con sal y pimienta.

2. Incorpora los champiñones y sube el fuego a posición media-alta. Cocina de 5 a 10 minutos, hasta que la mayor parte del líquido que desprendan los champiñones se haya consumido.

3. Añade la albahaca, los tomates enteros pelados y su jugo, el concentrado de tomate, la sal, el orégano y el tomillo. Remueve para mezclarlo bien. Con una cuchara de madera, rompe los tomates en trozos, más o menos grandes dependiendo de la textura que le quieras dar a la salsa. Sáltate este paso si usas tomates troceados. Añade las escamas de pimiento rojo seco, las semillas de chía y las lentejas, si lo deseas, y remueve para mezclar.

4. Baja el fuego a posición media. Deja hervir la salsa suavemente, removiendo de vez en cuando, de 15 a 20 minutos.

5. Sírvela sobre la pasta y ¡muy buen provecho!

Chana masala rápido y fácil de preparar

- 1 cucharada (15 ml) de aceite de coco o de oliva
- 1 ½ cucharadita (7 ml) de semillas de comino
- 1 cebolla amarilla, en dados
- 1 cucharada (15 ml) de ajo fresco picado
- 1 cucharada (15 ml) de jengibre fresco pelado y picado
- 1 chile verde serrano, sin semillas (si se desea), picado
- 1 ½ cucharadita (7 ml) de garam masala
- 1 ½ cucharadita (7 ml) de cilantro molido
- 1 ½ cucharadita (7 ml) de cúrcuma molida
- ¾ de cucharadita (42 ml) de sal marina fina, más la que sea necesaria
- ¼ de cucharadita (1 ml) de pimienta de Cayena (opcional)
- 1 lata de tomates con su jugo
- 1 lata o tarro (800 g) de garbanzos, o 3 tazas (750 ml) de garbanzos cocidos (página 35), enjuagados y escurridos
- 1 taza (250 ml) de arroz basmati crudo, para servir (instrucciones de cocción en la página 318)
- Zumo de limón recién exprimido, para servir
- Cilantro fresco picado, para servir

Sugerencia: para espesar el jugo de tomate, pon un par de cucharadas del guiso de curry en un procesador pequeño y tritúralo hasta conseguir una salsa casi fina. Vuelve a incorporarlo al curry para espesar.

Soy una auténtica entusiasta del chana masala, un plato indio de garbanzos y especias, pero siempre había pensado que sería demasiado laborioso de hacer, por la larga lista de especias que lleva. Pero una vez que compré varias especias para añadir a mi colección, ya no tenía excusa para no preparar este plato, fácil y económico. Te preguntarás por qué no lo has hecho antes. Para agilizar la elaboración de esta receta, te recomiendo que tengas a mano todos los ingredientes antes de empezar; el proceso de cocción de este plato va bastante rápido, y es una ayuda tenerlo todo listo para usar al instante.

4 raciones

Tiempo de preparación: 20 minutos | **Tiempo de cocción:** 20 minutos

Sin gluten, sin frutos secos, sin soja, sin azúcar, opción sin cereal

1. En un wok o cazuela grande, calienta el aceite a fuego medio. Cuando eches una gota de agua y chisporrotee, reduce el fuego a temperatura media-baja y añade las semillas de comino. Remuévelas mientras se tuestan, durante 1 o 2 minutos, hasta que estén doradas y desprendan su aroma, con cuidado de que no se quemen.

2. Sube el fuego a temperatura media e incorpora la cebolla, el ajo, el jengibre y el chile verde. Rehoga unos minutos y luego incorpora el garam masala, el cilantro, la cúrcuma, la sal y la pimienta de Cayena (si vas a usarla) y déjalo al fuego 2 minutos más.

3. Añade los tomates enteros pelados y su jugo y rómpelos en trozos con una cuchara de madera. Puedes dejar algunos trozos más grandes para darle textura.

4. Sube el fuego y añade los garbanzos. Remueve y, una vez que empiece a hervir, deja 10 minutos o más.

5. Sirve sobre arroz basmati, si lo deseas, y termina el plato justo antes de servir rociándole un chorrito de limón recién exprimido y adornándolo con un poco de cilantro.

Pastel de lentejas y nueces

Para el pastel:

- 1 taza (250 ml) de lentejas verdes
- 1 taza (250 ml) de nueces peladas, picadas finas
- 3 cucharadas (45 ml) de semillas de lino molidas
- 1 cucharadita (5 ml) de aceite de oliva virgen extra
- 3 dientes de ajo picados
- 1 cebolla amarilla, finamente picada (aprox. 2 tazas/500 ml)
- Sal marina fina para sazonar, más 1 cdta. (5 ml) de sal marina, o al gusto
- Pimienta negra recién molida, para sazonar, más ¼ de cucharadita
- 1 taza (250 ml) de apio picado fino
- 1 taza (250 ml) de zanahoria rallada
- 1/3 de taza (75 ml) de manzana dulce, pelada y rallada (opcional)
- 1/3 de taza (75 ml) de uvas pasas
- ½ taza (125 ml) de harina de avena, sin gluten
- ½ taza (125 ml) de pan de espelta rallado o pan de cereales germinados rallado (página 291)
- 1 cdta. (5 ml) de tomillo seco, o 2 cdas. (10 ml) de hojas de tomillo fresco
- 1 cucharadita (5 ml) de orégano seco
- ¼ de cucharadita (1 ml) de pimiento rojo seco en escamas (opcional)

Para el glaseado de vinagre balsámico y manzana

- ¼ de taza (60 ml) de kétchup
- 2 cucharadas (30 ml) de puré de manzana sin endulzar o zumo concentrado de manzana
- 2 cdas. (30 ml) de vinagre balsámico
- 1 cucharada (15 ml) de sirope de arce

- Hojas de tomillo fresco, para decorar (opcional)

Este pastel es una adaptación de una receta de Terry Walters, la polifacética autora de libros de cocina así como conferenciante y educadora en materia de alimentación. Es una receta que entusiasma por igual a lectores del blog, maridos, niños y catadores profesionales, y que ha hecho a muchos decir que el resultado es mejor que el pastel de carne tradicional. ¡Y yo estoy de acuerdo, claro! Es una receta un poco laboriosa, pero siempre vale la pena el tiempo y el esfuerzo dedicados. Cuida de picar finas todas las hortalizas para que el pastel quede bien ligado y compacto. Me encanta servirlo con puré de patata y coliflor (página 221), salsa fina de manzana o verduras al vapor. ¡Gracias por la inspiración, Terry!

8 raciones

Tiempo de preparación: 40 minutos | **Tiempo de cocción:** 55-60 minutos

Sin soja, sin azúcar refinado, opción sin gluten

1. Haz el pastel: cocina las lentejas siguiendo las instrucciones de la página 36. En un robot de cocina, tritúralas unos segundos hasta formar una pasta granulada, dejando algunas lentejas enteras para dar textura. Resérvalo.

2. Precalienta el horno a 160 °C. Esparce las nueces sobre una bandeja de hornear con borde y tuéstalas en el horno entre 9 y 11 minutos. Resérvalas y sube la temperatura del horno a 180 °C. Forra con papel vegetal de cocina un molde rectangular (de los que se utilizan para hacer pan de molde) de 22 x 12 cm.

3. En un wok grande, calienta el aceite a fuego medio. Añade el ajo y la cebolla y sofríelos 5 minutos, o hasta que la cebolla esté traslúcida. Sazona con sal y pimienta negra. Añade el apio, la zanahoria, la manzana (si vas a usarla) y las uvas pasas. Rehoga 5 minutos más.

4. Con cuidado, incorpora las lentejas trituradas, las semillas de lino molidas, las nueces picadas, la harina de avena, el pan rallado, el tomillo, el orégano y 1 cucharadita (5 ml) de sal, ¼ de cucharadita (1 ml) de pimienta negra y el pimiento rojo seco en escamas, en caso de usarlo. Remueve hasta que esté todo bien mezclado y rectifica la sal y la pimienta al gusto, si lo deseas.

5. Traslada la mezcla al molde que has preparado y presiónala, usando un rodillo de repostería para compactarla y alisar la superficie.

6. Haz el glaseado de vinagre balsámico y manzana: en un cuenco pequeño, bate juntos con las varillas el kétchup, el puré de manzana, el vinagre balsámico y el sirope de arce hasta conseguir una mezcla homogénea. Extiende el glaseado sobre el pastel de lentejas con una cuchara o un pincel de repostería.

7. Hornea destapado entre 50 y 60 minutos, hasta que los bordes estén ligeramente dorados. Saca el pastel del horno y déjalo enfriar dentro del molde unos 10 minutos. Luego, desliza un cuchillo para mantequilla por los bordes del pastel y, con cuidado, sácalo del molde (agarrándolo del papel vegetal) y colócalo sobre una rejilla. Deja que se enfríe 30 minutos más antes de cortarlo. Si lo cortas estando aún caliente, puede que se desmorone un poco, mientras que se mantendrá compacto al cortar si esperas a que esté frío del todo. Adorna con hojas de tomillo fresco antes de servir, si lo deseas.

Sugerencia: si quieres un pastel sin gluten, usa pan rallado sin gluten en vez de pan rallado de espelta.

Hamburguesa Portobello a la parrilla con pesto de tomates secos, col rizada y cáñamo

PARA LOS CHAMPIÑONES PORTOBELLO:

- 2 champiñones Portobello medianos
- 2 cucharadas (30 ml) de vinagre balsámico
- 2 cucharadas más 1 ½ cucharadita (37 ml) de zumo de limón recién exprimido
- 2 cucharadas (30 ml) de aceite de oliva virgen extra
- 1 diente de ajo, picado
- 1 cucharadita (5 ml) de orégano seco
- 1 cucharadita (5 ml) de albahaca seca
- ¼ de cucharadita (1 ml) de sal marina fina
- ¼ de cucharadita (1 ml) de pimienta negra recién molida

PARA EL PESTO DE TOMATES SECOS, COL RIZADA Y CÁÑAMO:

- 1 diente de ajo
- 1 taza (250 ml) de hojas de col rizada (solo la parte verde) comprimidas
- ¼ de taza (60 ml) de tomates secos conservados en aceite
- ¼ de taza (60 ml) de semillas de cáñamo
- 1 cucharada (15 ml) de zumo de limón recién exprimido
- 1 cucharada (15 ml) de aceite de oliva
- ¼ de cdta. (1 ml) de sal marina fina

ACOMPAÑAMIENTOS OPCIONALES:

- Cebolla caramelizada (consulta las Sugerencias de la página 189)
- Rodajas de aguacate
- Hojas de lechuga o col rizada
- Rodajas de tomate

¡El no va más de las hamburguesas veraniegas! Si tienes debilidad por la consistencia jugosa de los champiñones Portobello, te encantará esta sencilla pero memorable receta de hamburguesas. El toque ácido del marinado de vinagre balsámico, zumo de limón y hierbas aromáticas realza el sabor de los champiñones, que irán acompañados de un sabroso pesto de tomates secos, col rizada y cáñamo, además del suculento contrapunto de la cebolla caramelizada. ¡Qué más se puede pedir! Sírvela en un bollo tostado o córtala en lonchas y envuélvelas en un par de hojas de lechuga.

2 raciones (sobrará pesto)

| **Tiempo de preparación:** 15-20 minutos más 1 hora de marinado | **Tiempo de cocción:** 10 minutos |

Sin gluten, sin frutos secos, sin soja, sin azúcar, sin cereal

1. Quítales el pie a los champiñones girándolo un poco hasta que se desprenda. Desecha los pies o guárdalos para darles otro uso (un salteado, por ejemplo). Con una cucharilla, retira las laminillas negras del sombrero de los champiñones y luego frótalos suavemente con un paño de cocina húmedo para eliminar cualquier resto de tierra. En un cuenco grande, bate juntos con las varillas el vinagre, el zumo de limón, el aceite, el ajo, el orégano, la albahaca, la sal y la pimienta. Añade los champiñones y remuévelos para que se impregnen bien del marinado. Déjalos marinar de 30 a 60 minutos, removiéndolos cada 15 minutos (también puedes dejarlos marinar durante la noche, si lo prefieres).

2. Entretanto, haz el pesto de tomates secos, col rizada y cáñamo: en un robot de cocina, pica el ajo. Añade las hojas

de col rizada, los tomates secos, las semillas de cáñamo, el zumo de limón, el aceite de oliva, la sal y 2 cucharadas (30 ml) de agua y tritúralo hasta conseguir una crema fina, deteniendo el procesador cuando sea necesario para reincorporar con ayuda de una espátula la mezcla adherida a las paredes del vaso.

3. Precalienta una parrilla, o la barbacoa, a fuego medio. Coloca sobre ella los champiñones y ásalos 4 o 5 minutos por cada lado, hasta que empiecen a chamuscarse ligeramente y estén tiernos.

4. Sirve los champiñones Portobello sobre un bollo tostado, o córtalos en láminas y envuélvelas en una hoja de lechuga, cubiertos de una generosa cantidad de pesto y cualquier acompañamiento adicional de tu elección. Los restos de pesto se conservarán en el frigorífico al menos 1 semana guardados en un contenedor hermético. ¡Está riquísimo como relleno para sándwiches o tortillas de maíz, con la pasta y muchos platos más!

Sugerencias: para caramelizar la cebolla, corta en láminas finas una cebolla, dulce si lo prefieres, y sofríela a fuego medio con 1 cucharada (15 ml) de aceite hasta que tome un color dorado oscuro, pero con cuidado de que no se queme. Normalmente la cebolla tardará unos 30 minutos en soltar sus azúcares naturales.

Si quieres una opción sin gluten, usa un bollo de pan sin gluten.

Pasta cremosa con aguacate lista en 15 minutos

- 250 g de pasta cruda (sin gluten, si lo deseas)
- 1 o 2 dientes de ajo, al gusto
- ¼ de taza (60 ml) de hojas de albahaca fresca, más la necesaria para servir
- 4 a 6 cucharadas (20 a 30 ml) de zumo de limón recién exprimido, al gusto
- 1 cucharada (15 ml) de aceite de oliva virgen extra
- 1 aguacate mediano maduro, sin hueso
- ¼ a ½ cucharadita (1 a 2 ml) de sal marina fina
- Pimienta negra recién molida
- Corteza de limón rallada, para servir

Sugerencias: como los aguacates se oxidan con facilidad una vez cortados, es mejor servir la salsa de inmediato. Si sobrara algo de salsa, pásala a un contenedor hermético; se conservará en el frigorífico un día como máximo.

Si quieres una versión que no lleve cereal, sirve la salsa de aguacate con calabacín en juliana o en espiral (página 45), o sobre un lecho de calabaza espagueti.

Esta es una de las recetas predilectas en mi página web. Los lectores la elogian por lo fácil que es de preparar y por su textura cremosa, sin necesidad de lácteos, gracias al aguacate. Es tan sencillo como triturar el aguacate —¡fabuloso para el corazón!— con ajo, un toque de aceite de oliva, albahaca fresca, zumo de limón y una pizca de sal para crear una exquisita y cremosa salsa para pasta difícil de olvidar.

3 raciones

Tiempo de preparación: 5-10 minutos | **Tiempo de cocción:** 8-10 minutos

Sin gluten, sin frutos secos, sin soja, sin azúcar, opción sin cereal

1. Pon a hervir una olla grande de agua con sal. Cuece la pasta siguiendo las instrucciones del paquete.
2. Mientras hierve la pasta, haz la salsa: en el procesador de alimentos, pica juntos el ajo y la albahaca.
3. Añade el zumo de limón, el aceite, la pulpa del aguacate y 1 cucharada (15 ml) de agua y bátelo todo junto hasta obtener una salsa fina, deteniendo el aparato cuando sea necesario para reincorporar con una espátula la mezcla que quede adherida a las paredes del vaso. Si la salsa quedara demasiado espesa, añade 1 cucharada (15 ml) más de agua. Sazona con sal y pimienta al gusto.
4. Escurre la pasta y vuelve a depositarla en la olla. Añade la salsa de aguacate y remueve hasta que la pasta esté bien impregnada de ella.
5. Adereza con ralladura de limón, pimienta negra recién molida y hojas de albahaca fresca, si lo deseas.

Energético bol de proteínas digno de una diosa

PARA EL ALIÑO «DIVINO» DE LIMÓN Y TAHINI:

- ¼ de taza (60 ml) de tahini
- 1 diente de ajo grande
- ½ taza (125 ml) de zumo de limón recién exprimido (aprox. de 2 limones)
- ¼ de taza (60 ml) de levadura nutricional
- 2 o 3 cucharadas (30 a 45 ml) de aceite de oliva virgen extra, al gusto
- ½ cucharadita (2 ml) de sal marina fina, o al gusto, más la que sea necesaria
- Pimienta negra recién molida,

PARA LA MEZCLA DE LENTEJAS:

- 1 taza (250 ml) de lentejas verdes, o una mezcla de lentejas verdes y marrones, crudas
- 1 taza (250 ml) de espelta o trigo en grano, puesto a remojo la víspera
- 1 ½ cucharadita (5 a 7 ml) de aceite de oliva
- 1 cebolla roja pequeña, troceada
- 3 dientes de ajo, picados
- 1 pimiento rojo de bola, troceado
- 1 tomate grande, troceado
- 3 tazas (750 ml) de espinacas o col lacinato, picadas en trozos irregulares
- ½ taza (125 ml) de perejil fresco, picado

Sugerencias: ¿prefieres una versión sin gluten? Usa arroz integral o quinoa en vez de espelta en grano.

Si lo que quieres es una opción sin cereal, omite la espelta.

Esta receta está inspirada en un plato de uno de mis restaurantes vegetarianos favoritos, The Coup, en Calgary (Alberta). Una deliciosa salsa de limón y tahini, con un punto ácido, cubre la base carnosa de lentejas y de hortalizas crujientes. De esta receta salen varias raciones, así que es estupenda si te gusta tener en la nevera restos con los que poder improvisar una comida al momento.

4 a 6 raciones

Tiempo de preparación: 30 minutos | **Tiempo de cocción:** 50-60 minutos

Sin frutos secos, sin soja, sin azúcar, opción sin gluten, opción sin cereal

1. Haz el aliño de limón y tahini: mezcla en el vaso del robot de cocina el tahini, el ajo, el zumo de limón, la levadura nutricional, el aceite de oliva virgen, ½ cucharadita (2 ml) de sal y pimienta negra al gusto y bátelo todo hasta obtener una crema fina. Reserva hasta el momento de usar.

2. Cuece las lentejas siguiendo las instrucciones de la página 318. Reserva.

3. Cuece la espelta en grano siguiendo las instrucciones de la página 318. Reserva.

4. En una sartén grande de hierro fundido, calienta el aceite de oliva a fuego medio. Añade la cebolla y el ajo y sofríelos unos minutos, hasta que la cebolla esté traslúcida.

5. Añade el pimiento y el tomate y rehógalos unos 8 minutos, hasta que se haya evaporado la mayor parte del líquido.

6. Agrega las espinacas y rehógalas unos minutos más, hasta que las hojas estén lacias.

7. Incorpora todo el aliño de limón y tahini, las lentejas cocidas y la espelta en grano. Baja el fuego y deja que todo hierva junto unos minutos más. Retira la sartén del fuego e incorpora el perejil picado.

8. Sazona con sal y pimienta negra al gusto

Energético bol de miso para tener la mente despierta

- 1 boniato, cortado en rodajas de 1 cm de grosor
- 1 ½ cucharadita (7 ml) de aceite de oliva o aceite de coco derretido
- Sal marina fina y pimienta negra recién molida
- 1 taza (250 ml) de quinoa cruda

PARA MONTAR:

- 1 taza (250 ml) de edamame desgranadas congeladas, y puestas a descongelar
- 1 zanahoria mediana, en juliana
- 2 cebolletas, cortadas en láminas finas
- ¼ de taza (60 ml) de hojas de cilantro fresco, picadas
- 1 cucharadita (5 ml) de semillas de sésamo (opcional)
- 1 cucharadita (5 ml) de semillas de cáñamo (opcional)
- ½ taza (125 ml) de germinados (opcional)
- Aliño de miso con naranja y sirope de arce (página 173)

Sugerencias: añade el aliño a la ensalada justo antes de servir, de lo contrario la quinoa lo empapará y los sabores perderán intensidad.

Si lo que buscas es una opción sin soja, omite las edamame y usa miso que no esté hecho de soja; de garbanzo, por ejemplo, como el que comercializa la marca South River.

Se trata de una divertida receta de bol energético que te ayudará a mantener un nivel de energía óptimo durante horas. El miso es un alimento fermentado que contribuye a una buena digestión y aporta un delicioso sabor umami (sabroso) a cualquier comida. Si hasta ahora no conocías el miso, el aliño de miso con naranja y sirope de arce es una estupenda manera de incorporarlo a tu dieta.

2 raciones

Tiempo de preparación: 20 minutos | **Tiempo de cocción:** 28-30 minutos

Sin gluten, sin frutos secos, sin azúcar refinado, opción sin soja

1. Precalienta el horno a 200 °C. Forra con papel vegetal de cocina una bandeja con borde para horno. Coloca sobre ella las rodajas de boniato, rocíalas de aceite y cuida de que estén bien impregnadas por los dos lados. Espolvoréales sal y pimienta. Ásalas durante 20 minutos y luego dales la vuelta y ásalas de 8 a 10 minutos más, hasta que estén tiernas y de un color dorado oscuro.

2. Entretanto, cocina la quinoa siguiendo las instrucciones de la página 318.

3. Para montar el bol, divide la quinoa cocida en 2 platos o boles y sazónala con sal y pimienta. Cúbrela con las rodajas de boniato, las edamame, las zanahorias, las cebolletas, el cilantro y, si lo deseas, las semillas de sésamo y de cáñamo y los germinados. Rocíale un chorrito del aliño de miso con naranja y sirope de arce y ¡a disfrutar!

Pasta con tomate y albahaca: un placer para los sentidos

- ½ taza (125 ml) de anacardos crudos
- ½ taza (125 ml) de leche de almendras, sin edulcorantes ni aromatizantes
- 250 g de pasta cruda (sin gluten, si lo deseas)
- 1 cucharadita (5 ml) de aceite de oliva virgen extra
- 1 cebolla pequeña, en dados
- 2 dientes de ajo picados
- 1 ½ taza (375 ml) de tomates frescos o enlatados (en este caso, escurre el jugo)
- 3 puñados de espinacas
- 1 a 3 cucharadas (15 a 45 ml) de levadura nutricional, al gusto (opcional)
- 1 taza (250 ml) de albahaca fresca, picada fina
- 2 a 3 cucharadas (30 a 45 ml) de tomate concentrado, al gusto
- 1 cucharadita (5 ml) de orégano seco
- ½ cucharadita (2 ml) de sal marina fina, o al gusto
- ¼ de cucharadita (1 ml) de pimienta negra recién molida, o al gusto

Sugerencia: si en cualquier momento la salsa o la pasta se secaran, basta con añadir una pizca de leche de almendras, sin edulcorantes ni aromatizantes, para humedecerlas.

Esta es una de las comidas favoritas de mi marido, y la prepara con frecuencia añadiendo: «¡Es tan fácil que hasta yo puedo hacer un plato que satisfaría al más exigente *gourmet*!». Es la cremosidad de la salsa hecha de anacardos lo que sitúa este tradicional plato de pasta con tomate y albahaca en otro nivel. Si te aburre la habitual salsa roja, prueba esta versión. Eso sí, te lo aviso: ¡igual nunca vuelves a la anterior!

3 raciones

Tiempo de preparación: 20 minutos | **Tiempo de cocción:** 30 minutos

Opción sin gluten, sin soja, sin azúcar

1. Pon los anacardos en un cuenco y cúbrelos de agua. Déjalos a remojo al menos 2 horas, o toda la noche. Escúrrelos, enjuágalos y vuélvelos a escurrir. Ponlos en el vaso de la batidora junto con la leche de almendras y bátelos a velocidad máxima hasta obtener una crema fina. Resérvala.

2. Lleva a ebullición una olla grande de agua con sal. Prepara la pasta siguiendo las instrucciones del paquete, hirviéndola hasta que esté al dente.

3. En un wok grande, calienta el aceite a fuego medio. Añade la cebolla y el ajo y sofríelos de 5 a 10 minutos, o hasta que la cebolla esté traslúcida. Añade los tomates cortados en dados y las espinacas y sigue rehogándolos entre 7 y 10 minutos, hasta que las espinacas estén lacias.

4. Incorpora la nata de anacardos, la levadura nutricional (si lo deseas), la albahaca, el concentrado de tomate, el orégano, la sal y la pimienta y déjalo cocer entre 5 y 10 minutos más, o hasta que el calor se haya repartido por igual.

5. Escurre la pasta y añádela al wok. Remueve para mezclar bien la pasta con la salsa. Déjalo al fuego unos minutos más hasta que el calor esté bien repartido. Sazona con sal y pimienta negra al gusto y sirve de inmediato.

Cremoso curry vegetal

- ½ taza (125 ml) de anacardos crudos, puestos a remojo (consulta la página 33)
- 1 cucharada (15 ml) de aceite de coco
- 1 cebolla pequeña, en dados
- 3 dientes de ajo, picados
- 1 ½ cucharadita (7 ml) de jengibre fresco pelado y rallado
- 1 chile verde o jalapeño, sin semillas, cortado en trocitos (opcional)
- 2 patatas amarillas medianas o 1 boniato mediano, pelados y cortados en dados (aprox. 2 tazas/500 ml)
- 2 zanahorias medianas, en dados (aprox. 1 ½ taza/375 ml)
- 1 pimiento rojo de bola, troceado
- 1 tomate grande, sin semillas y troceado
- 2 cucharadas (30 ml) de curry amarillo en polvo de intensidad suave, o al gusto
- ½ a ¾ de cucharadita (2 a 3 ml) de sal marina fina, más la que se necesite
- 1 taza (250 ml) de guisantes frescos o congelados
- Arroz basmati, para servir (opcional)
- Hojas de cilantro fresco, para servir
- Anacardos tostados, para servir

Sugerencia: si quieres una opción sin cereal, omite el arroz basmati.

uando sueño con un plato de comida reconfortante, sueño con este suave curry vegetal. La densa salsa cremosa hecha de anacardos se equilibra con una abundante ración de hortalizas. Es una receta muy versátil, y puedes prepararla con hortalizas variadas —el brócoli, la coliflor y los boniatos son tres opciones que vale la pena probar—. Para que el plato sea aún más sustancioso, sírvelo sobre un lecho de arroz de grano largo (basmati, por ejemplo), y para reforzar su contenido en proteínas, prueba a añadirle tofu. Es un plato ligeramente especiado y suave, así que si eres amante de las especias fuertes, usa un curry más picante. Acuérdate de poner los anacardos a remojo de víspera, o al menos 3 o 4 horas antes.

4 raciones

Tiempo de preparación: 25 minutos | **Tiempo de cocción:** 25 minutos

Sin gluten, sin soja, sin azúcar, opción sin cereal

1. En una batidora, bate los anacardos con ¾ de taza (175 ml) de agua hasta obtener una mezcla cremosa. Resérvala.
2. En una sartén grande de hierro fundido, calienta el aceite a fuego medio. Añade la cebolla, el ajo y el jengibre y sofríelos unos 5 minutos, hasta que la cebolla esté traslúcida. Incorpora el chile verde (si lo deseas), las patatas, las zanahorias, el pimiento de bola, el tomate, el curry en polvo y la sal. Rehoga 5 minutos más.
3. Añade la nata de anarcardos y los guisantes. Baja el fuego y tapa la sartén. Déjalo cocer suavemente a fuego medio durante unos 20 minutos, o hasta que las patatas estén tiernas. Remueve cada 5 minutos. Si ves que la mezcla empieza a secarse, baja el fuego y añade una pizca de agua o de aceite y luego remueve bien para que se absorba.
4. Sirve sobre un lecho de arroz basmati, si lo deseas, y adórnalo con unas hojas de cilantro y anacardos tostados.

Fajitas de «bistec» Portobello

PARA LOS «BISTECS» PORTOBELLO:

- 4 a 6 champiñones Portobello grandes (aprox. de 450 a 550 g)
- 2 cucharadas, más 1 ½ cucharadita, (37 ml) de aceite de pepitas de uva
- 2 cucharadas (30 ml) de zumo de lima recién exprimido
- 1 cucharadita (5 ml) de orégano seco
- 1 cucharadita (5 ml) de comino molido
- ¾ de cucharadita (4 ml) de chile molido
- ½ cucharadita (2 ml) de sal marina fina
- Pimienta negra recién molida

PARA EL SALTEADO:

- 1 cucharada (15 ml) de aceite de pepitas de uva, de oliva o de coco
- 1 pimiento rojo de bola grande, cortado en tiras finas
- 1 pimiento naranja de bola grande, en tiras finas
- 1 cebolla mediana, en láminas finas

PARA SERVIR:

- 4 a 6 tortillas de harina pequeñas u hojas de lechuga, con las que envolver el salteado
- Rodajas de aguacate
- Nata de anacardos (página 293)
- Salsa mexicana
- Zumo de lima recién exprimido
- Salsa picante
- Cilantro
- Lechuga en tiras finas

Si pones a marinar los champiñones Portobello y los sazonas con las especias que tradicionalmente se usan para los tacos mexicanos, puedes hacer fantásticos rellenos sin carne para los tacos y las fajitas. A mi marido, que no es muy aficionado a los champiñones, le encantan estas fajitas, probablemente porque puede dar rienda suelta a la imaginación en cuanto a los acompañamientos y crear algo nuevo cada vez. Si estamos en verano y queremos que resulten más ligeros, normalmente envolvemos el relleno en hojas de lechuga en vez de tortillas de harina, así que tenlo en cuenta para una versión sin gluten y sin cereal. También puedes usar tortillas de maíz.

De 4 a 6 fajitas

Tiempo de preparación: 30 minutos | **Tiempo de cocción:** 20-25 minutos

Opción sin gluten, sin azúcar, sin soja, opción sin cereal

1. Haz los «bistecs» Portobello: quítales el pie a los champiñones girándolo hasta que se desprenda. Desecha los pies o guárdalos para darles otro uso, un salteado vegetal, por ejemplo. Con una cucharilla, retira y desecha luego las laminillas negras de la parte interior de los champiñones. Frota con un paño de cocina húmedo el sombrero de los champiñones Portobello para eliminar cualquier resto de tierra. Córtalos en láminas de 1 cm de grosor.

2. En un bol grande, bate juntos con las varillas el aceite, el zumo de lima, el orégano, el comino, el chile molido, la sal y pimienta al gusto. Añade los champiñones en láminas y remuévelo para que se recubran bien. Déjalos marinar de 20 a 30 minutos, removiéndolos cada 10 minutos más o menos.

3. Entretanto, haz el salteado: en una sartén grande de hierro fundido, calienta el aceite a fuego medio. Añade los

pimientos de bola y la cebolla y saltéalos a fuego medio-alto unos 10 minutos, o hasta que las hortalizas se hayan ablandado.

4. Precalienta una parrilla a fuego medio o alto. Dispón los champiñones marinados sobre ella y déjalos hacerse al fuego de 3 a 5 minutos por cada lado, o hasta que se les queden marcadas esas rayas oscuras que los hacen tan apetitosos. También puedes poner un momento a la plancha las tortillas, si lo deseas.

5. Para servir, coloca la tortilla sobre un plato y rellénala con unas pocas tiras de champiñón, hortalizas salteadas y los acompañamientos que más te gusten. Haz lo mismo con las demás tortillas y acompañamientos o deja que los invitados rellenen personalmente las tortillas que vayan a comer. ¡Buen provecho!

Sugerencia: como alternativa a los champiñones, puedes probar a usar la mezcla de «carne» de lentejas y nueces: en el procesador, mezcla un diente de ajo, 1 ½ taza (375 ml) de lentejas cocidas, 1 taza (250 ml) de nueces tostadas, 1 ½ cucharadita (7 ml) de orégano seco, 1 ½ cucharadita (7 ml) de comino molido, 1 ½ cucharadita (7 ml) de chile molido, ½ cucharadita (2 ml) de sal marina fina, de 4 a 6 cucharaditas (20 a 30 ml) de aceite y 2 cucharadas (30 ml) de agua, y tritúralo todo junto hasta que la mezcla quede ligada y tenga una consistencia granulada.

Guarniciones

Las guarniciones son con frecuencia las heroínas anónimas de una dieta a base de productos vegetales. No podría contarte cuántas veces que he comido en restaurantes no veganos he tenido que confeccionarme una comida a base de guarniciones —por ejemplo, unos champiñones salteados, arroz integral y judías—. Mis compañeros de mesa, con ojos apesadumbrados, suelen echarme una mirada de compasión; ¡lo que no saben es la cantidad de veces que como de la misma manera estando en casa!

Improvisar una comida con ingredientes de origen vegetal no tiene por qué ser complicado; a veces basta con juntar varias guarniciones para crear un plato equilibrado y nutritivo. En una comida sencilla, intento incluir algún alimento que sea una buena fuente de proteínas —como uno de mis platos favoritos, del que nunca me canso: el tempeh marinado en vinagreta balsámica de sirope y ajo (página 213) o el tofu braseado con ajo (página 211)— y lo sirvo acompañado de un cereal —arroz integral, por ejemplo— y verduras, como los chips de col rizada perfectos (página 215) o los champiñones italianos marinados (página 209). Me gusta preparar cereales de antemano y congelarlos, para poder añadirlos rápidamente a cualquier cena de fin de semana; no podría ser más fácil que sacar del congelador la bolsa de cereal y recalentarlo en agua hirviendo o en una sartén. Si quieres encontrar algo para acompañar una hamburguesa vegana, prueba los Chips perfectos de col rizada o las patatas a la francesa asadas: ligeras y crujientes (página 217). En climas fríos, decántate por el puré de patata y coliflor con sencilla salsa de champiñones (página 221) o la calabaza moscada con «parmesano» de almendras y pacanas para época de vendimia (página 223). Sea lo que sea lo que buscas, encontrarás algo en este capítulo para toda clase de ocasiones.

Zanahorias arcoíris asadas con salsa de tahini, comino y cilantro

PARA LAS ZANAHORIAS ARCOÍRIS ASADAS:

- 2 manojos de zanahorias arcoíris (800 g)
- 1 cucharada (15 ml) de aceite de pepitas de uva
- ¾ de cucharadita (4 ml) de sal marina fina
- ½ cucharadita (2 ml) de comino
- ½ cucharadita (2 ml) de semillas de cilantro
- ¼ de cucharadita (1 ml) de pimienta negra recién molida

PARA LA SALSA DE TAHINI CON COMINO Y CILANTRO:

- 2 cucharadas (30 ml) de tahini
- 4 cucharaditas (20 ml) de zumo de limón recién exprimido
- 1 cucharada (15 ml) de aceite de oliva virgen extra
- 1 cucharadita (5 ml) de comino molido
- ½ cucharadita (2 ml) de cilantro molido
- ¼ de cucharadita (1 ml) de sal marina fina

Sugerencia: yo no suelo molestarme en pelar las zanahorias arcoíris porque tienen la piel delicada y muy fina. Ahora bien, si vas a usar zanahorias comunes, sin tallo, dependiendo de su tamaño y grosor tal vez prefieras pelarlas antes de asar.

Las zanahorias arcoíris deben de estar entre las hortalizas más llamativas y apetitosas que existen. Púrpura, amarillo, naranja y rojo...: ¡siempre me deja asombrada que estos colores existan en la naturaleza, sin necesidad de utilizar ningún colorante! En esta receta, he asado las zanahorias arcoíris con comino y cilantro, un poco de aceite y sal y luego les he rociado una deliciosa salsa de limón y tahini. Quizá esta sea mi manera favorita de saborear un buen manojo de zanahorias frescas y tiernas. Y no te preocupes si no encuentras zanahorias arcoíris; las zanahorias habituales harán el mismo papel.

4 raciones

Tiempo de preparación: 10 minutos | **Tiempo de cocción:** 15-20 minutos

Sin gluten, sin frutos secos, sin soja, sin azúcar, sin cereal

1. Haz las zanahorias arcoíris asadas: precalienta el horno a 220 °C. Forra con papel vegetal una bandeja de hornear.
2. Córtales el tallo a las zanahorias, dejando unos 5 cm sin cortar. Lávalas y sécalas con unos golpecitos suaves.
3. Dispón las zanahorias sobre la bandeja que has preparado.
4. Rocíales un chorrito de aceite y hazlas rodar sobre la bandeja para que se recubran de aceite por todos los lados. Espolvoréales la sal, el comino, las semillas de cilantro y la pimienta negra. Deja aproximadamente 1 cm de separación entre una zanahoria y otra.
5. Asa las zanahorias de 15 a 20 minutos, o hasta que estén tiernas al pincharlas con el tenedor, pero un poco firmes. Ten cuidado de no asarlas demasiado.
6. Haz la salsa de tahini con comino y cilantro: en un cuenco pequeño, bate juntos con las varillas el tahini, el zumo de limón, el aceite, el comino y el cilantro molidos y la sal.
7. Emplata las zanahorias y rocíales la salsa.

Champiñones italianos marinados

- 900 g de champiñones cremini o champiñones blancos comunes (pequeños, a poder ser)
- 4 cucharadas (60 ml) de aceite de oliva virgen extra
- 2 ajos grandes, picados
- ½ taza (125 ml) de chalotas en láminas finas (3 aprox.)
- 1/3 de taza (75 ml) de perejil fresco de hoja plana, picado
- ½ cucharadita (2 ml) de tomillo seco
- ½ cucharadita (2 ml) de orégano seco
- ¼ cucharadita (1 ml) de sal marina fina
- ¼ de cucharadita (1 ml) de pimienta negra recién molida
- 3 o 4 cucharadas (45 a 60 ml) de vinagre balsámico, al gusto

Me pasé los primeros veinticinco años de mi vida creyendo que detestaba los champiñones, para al final descubrir que me apasionan. Los champiñones en general no solo están repletos de nutrientes anticancerígenos, sino que son un aliado carnoso y muy satisfactorio de cualquier dieta de base vegetal. Los champiñones marinados se preparan en un momento y saben mejor cuanto más tiempo se estén marinando. Ya sé que 900 g de champiñones parecen una barbaridad, pero ten en cuenta que se reducen mucho al cocinarse.

3 a 4 raciones

Tiempo de preparación: 12 minutos | **Tiempo de cocción:** 10-15 minutos

Sin gluten, sin frutos secos, sin soja, sin azúcar, sin cereal

1. Quítales el pie a los champiñones girándolo hasta que se desprenda. Desecha los pies o guárdalos para darles otro uso, un salteado, por ejemplo. Frota suavemente los sombreros de los champiñones con un paño húmedo para eliminar cualquier resto de tierra.

2. En un wok grande, calienta 2 cucharadas (30 ml) del aceite de oliva a fuego medio. Añade el ajo y las chalotas y sofríelos de 2 a 3 minutos. Sube el fuego a posición media-alta y añade los champiñones. Rehógalos, removiendo con frecuencia, durante 7 u 8 minutos más.

3. Pasa la mezcla a un cuenco, dejando el agua y el aceite en el wok. Incorpora el perejil, el tomillo, el orégano, la sal, la pimienta, el vinagre y las 2 cucharadas (30 ml) restantes de aceite, removiendo hasta que esté todo bien ligado.

4. Deja enfriar los champiñones entre 20 y 30 minutos. Luego, cubre el cuenco y déjalo en el frigorífico al menos 2 horas, para que afloren los sabores. Si puedes, remuévelos varias veces durante este tiempo.

5. Sirve los champiñones fríos, recién sacados de la nevera, o a temperatura ambiente.

Tofu braseado con ajo

- 1 bloque (450 g) de tofu firme o extrafirme
- 1 cucharadita (5 ml) de ajo en polvo
- ¼ de cucharadita (1 ml) de sal marina fina
- ¼ de cucharadita (1 ml) de pimienta negra recién molida
- 1 cucharada (15 ml) de aceite de coco derretido o aceite de pepitas de uva

Con este método, conseguirás un tofu braseado crujiente y ligeramente sazonado sin necesidad de usar mucho aceite. Utiliza una sartén de hierro fundido si la tienes, ya que intensificará la capa crujiente del tofu (pero una sartén normal sirve también, no te preocupes).

4 raciones

Tiempo de preparación: 5-10 minutos | **Tiempo de cocción:** 6-10 minutos

Sin gluten, sin frutos secos, sin azúcar, sin cereal

1. Siguiendo las instrucciones de la página 297, prensa el tofu la víspera, o al menos prénsalo 25 o 30 minutos antes de cocinarlo.
2. Corta el bloque en 9 o 10 lonchas rectangulares de 1 cm de grosor y luego divide cada rectángulo en 6 cuadrados, lo cual hará un total de entre 54 y 60 porciones de tofu.
3. Precalienta una sartén de hierro fundido (o normal) a fuego medio-alto durante varios minutos.
4. En un bol grande, mezcla los cuadrados de tofu con el ajo en polvo, la sal y la pimienta y remueve con suavidad para que se impregnen bien.
5. Cuando al echar una gota de agua en la sartén chisporrotee, quiere decir que está lista. Añade el aceite e inclina la sartén hacia los lados para que la cubra toda por igual. Añade el tofu a la sartén con cuidado (¡ojo!, puede que el aceite empiece a chisporrotear, así que usa si es necesario un protector contra salpicaduras), de modo que forme una sola capa, y asegúrate de que todos los trozos están planos sobre la superficie de la sartén.
6. Braséalos de 3 a 5 minutos, hasta que se forme una costra dorada. Dales la vuelta y déjalos de 3 a 5 minutos más, hasta que estén dorados. Sirve de inmediato.

Tempeh marinado en vinagreta balsámica de sirope y ajo

- 1 paquete de tempeh de 250 g
- ½ taza (125 ml) de vinagre balsámico
- 2 dientes de ajo, picados
- 4 cucharaditas (20 ml) de tamari bajo en sodio
- 1 cucharada (15 ml) de sirope puro de arce
- 1 cucharada (15 ml) de aceite de oliva virgen extra

Creía que no me gustaba el tempeh, que no estaba hecho para mí. Después de varios intentos desesperados, e infructuosos, por que me gustara, estuve a punto de tacharlo de la lista para siempre. Pero esta receta lo cambió todo, e hizo del tempeh un nuevo favorito de mi dieta. ¡Gracias encarecidamente a mi amiga Meghan Telpner, que tiene un blog en meghantelpner.com, por servirme de inspiración para esta receta tan deliciosa! Si alguna vez has tenido una mala experiencia con el tempeh, te animo (no, ¡te ruego!) a que le des una oportunidad a esta receta. ¡Quizá te cambie la vida!

3 raciones

Tiempo de preparación:	Tiempo de marinado:	Tiempo de cocción:
15 minutos	2 horas o toda la noche	30-35 minutos

Sin gluten, sin frutos secos, sin azúcar refinado

1. Enjuaga el tempeh y sécalo. Córtalo en 8 lonchas finas (de 5 o 6 mm), luego divídelos en dos, en diagonal, para obtener un total de 16 triángulos. O córtalos como quieras.
2. En una fuente de vidrio para horno, bate juntos con las varillas el vinagre balsámico, el ajo picado, el tamari, el sirope de arce y el aceite.
3. Añade el tempeh a la fuente y remuévelo para que quede bien recubierto. Cubre la fuente con papel de aluminio y déjalo marinar en el frigorífico al menos 2 horas, o toda la noche, removiéndolo suavemente de vez en cuando.
4. Precalienta el horno a 180 ºC.
5. Dispón en la fuente de horno los triángulos formando una capa y cúbrelos con aluminio doméstico. Hornea el tempeh en el marinado durante 15 minutos. Retira la lámina de aluminio y dales la vuelta a los triángulos. Hornea, sin tapar, de 15 a 20 minutos más, hasta que el tempeh haya absorbido la mayor parte del marinado.

Chips de col rizada perfectos

- 1 col rizada, solo las hojas, sin tallos ni nervios, en trozos (lee la Sugerencia de la página 144)
- 1 cucharada (15 ml) de aceite de oliva virgen extra
- ¼ a ½ cucharadita (1 a 2 ml) de sal marina fina
- ¼ de cucharadita (1 ml) de pimienta negra recién molida
- Especias o condimentos a elegir (opcional)
- Kétchup, sriracha (salsa asiática picante) o aderezo para ensalada, para untar

Sugerencia: si es la primera vez que comes estos chips, tal vez de entrada no te entusiasmen. Dales una auténtica oportunidad, y te aseguro que, a su debido tiempo, se harán con tu paladar como una mala hierba (pero extraordinariamente nutritiva).

Después de probar varias recetas de chips de col rizada, con resultados siempre imprevisibles, tomé la determinación de dar con la receta perfecta para incluir en este libro. Probé con el horno a toda clase de temperaturas hasta que descubrí que horneándola a una temperatura más baja (150 °C) durante un poco más de tiempo se obtenían los mejores resultados. Al cocinar a baja temperatura, no nos quedan partes más crujientes que otras (¡ni por supuesto las temibles partes quemadas!). Dejo a tu elección las especias y el sazonador que más te gusten para espolvorearlos sobre la col antes de hornearla. A mí personalmente, me encantan con solo un poco de aceite de oliva, ajo y sal marina, y les unto algún kétchup hecho con productos ecológicos si me apetece algo dulce. Si has probado ya alguna receta de chips de col y el resultado te ha quitado las ganas de volver a intentarlo, te animo a que pruebes a preparar esta.

3 raciones

Tiempo de preparación: 5-10 minutos | **Tiempo de cocción:** 6-10 minutos

Sin gluten, sin frutos secos, sin soja, sin azúcar

1. Precalienta el horno a 150 °C. Forra con papel vegetal dos bandejas de hornear. Lava las hojas de col y sécalas bien.
2. Pon las hojas de col en un bol y rocíales aceite. Remueve las hojas hasta que estén totalmente recubiertas de aceite.
3. Coloca la col en las bandejas en una sola capa. Espolvoréales sal, pimienta y otras especias, si lo deseas. Hornéalas 10 minutos, luego gira las bandejas y sigue horneando de 7 a 10 minutos más, hasta que estén crujientes. Sirve los chips con kétchup, sriracha o tu aliño favorito. Si sobran chips, no se mantendrán crujientes mucho tiempo, así que lo mejor es consumirlos de inmediato. Yo suelo dejarlos en la bandeja ¡y voy picando de ellos el día entero!

Patatas a la francesa asadas: crujientes y ligeras

- 2 patatas de carne amarilla (variedad Yukon Gold, por ejemplo) grandes (alrededor de 500 g)
- 1 cucharada (15 ml) de arrurruz
- 1 cucharada (15 ml) de aceite de pepitas de uva
- ½ cucharadita (2 ml) de sal marina fina
- Pimienta negra recién molida
- Condimentos (por ejemplo, ajo en polvo, chile molido, etcétera), si se desea

Se tarda de cinco a diez minutos nada más en preparar un par de patatas y convertirlas en unas deliciosas y crujientes patatas a la francesa asadas. En este método para hacer patatas a la francesa, evitamos la fritura y, en su lugar, las asamos envueltas en una ligera capa de arrurruz y aceite. El resultado son unas patatas a la francesa perfectamente crujientes y de un ligero color dorado oscuro. Prueba a usarlas como acompañamiento de nuestra hamburguesa vegana favorita (página 175); ¡el éxito está garantizado!

2 raciones

Tiempo de preparación: 10 minutos | **Tiempo de cocción:** 30-35 minutos

Sin gluten, sin frutos secos, sin soja, sin azúcar, sin cereal

1. Precalienta el horno a 220 °C. Forra con papel vegetal de cocina una bandeja de hornear con borde.
2. Corta las patatas en cuartos en sentido longitudinal. Divide cada cuarto en dos (o en tres, si son muy grandes).
3. Echa el arrurruz y las patatas cortadas en una bolsa de plástico pequeña y agítala con fuerza hasta que las patatas estén rebozadas por entero.
4. Echa ahora un chorrito de aceite dentro de la bolsa, ciérrala de nuevo y agita hasta que las patatas estén totalmente recubiertas.
5. Dispón las patatas sobre la bandeja de horno que has preparado, dejando al menos 2 cm de separación entre una patata y otra (si las juntas demasiado, quizá no queden tan crujientes). Sazónalas con sal y pimienta y cualquier condimento adicional, si lo deseas.
6. Hornea 15 minutos; luego, dales la vuelta a las patatas y sigue asándolas entre 10 y 20 minutos más, hasta que estén ahuecadas y tengan un tono dorado. Sírvelas de inmediato, ya que perderán el punto crujiente al irse enfriando.

Coles de Bruselas asadas con patatas fingerling y romero

- 800 g de patatas tipo fingerling (pequeñas, alargadas y con forma de dedo)
- 350 g de coles de Bruselas (3 tazas/750 ml), sin tallo
- 3 dientes de ajo picados
- 2 cucharadas (30 ml) de romero fresco picado
- 4 cucharaditas (20 ml) de aceite de oliva virgen extra
- 1 ½ cucharadita (7 ml) de azúcar natural de caña u otro edulcorante natural granulado
- ¾ de cucharadita (4 ml) de sal marina fina, más la que sea necesaria
- ¼ de cucharadita (1 ml) de pimienta negra recién molida, más la que sea necesaria
- ¼ de cucharadita (1 ml) de pimiento rojo seco en escamas (opcional)

De niña, detestaba las coles de Bruselas, como la mayoría de los niños. Pero a los veintitantos años decidí darles otra oportunidad, y poco a poco me fui aficionando a ellas, en el transcurso de muchas cenas durante las vacaciones. Me ponía unas pocas en el borde del plato, «solo para hacer la prueba», y con el tiempo empezó a gustarme su consistencia carnosa. ¡Sí, acabo de combinar «carnosa» y «coles de Bruselas» en la misma frase! Esta receta lleva patatas fingerling asadas —mis patatas favoritas desde siempre—, una generosa cantidad de romero y ajo y, por supuesto, las sustanciosas coles de Bruselas. Pruébala, y entenderás por qué esta receta ha convertido en aficionados a las coles a muchos que, como yo, las detestaban.

4 a 5 raciones

Tiempo de preparación: 20 minutos | **Tiempo de cocción:** 35-38 minutos

Sin gluten, sin frutos secos, sin soja, sin azúcar refinado, sin cereal

1. Precalienta el horno a 200 °C. Forra con papel vegetal de cocina una bandeja con borde para horno.
2. Lava las patatas y sécalas con suavidad. Córtalas por la mitad en sentido longitudinal y ponlas en un bol muy grande.
3. Quítales el tallo a las coles de Bruselas y cualquier hoja suelta. Enjuágalas y sécalas también. Córtalas por la mitad a través del tallo y ponlas en el bol junto con las patatas.
4. Añade el ajo, el romero, el aceite, el azúcar, la sal, la pimienta y el pimiento seco en escamas (si lo deseas) y remueve hasta que las patatas y las coles estén rebozadas en la mezcla. Viértelo todo en la bandeja de horno.
5. Hornea de 35 a 38 minutos, removiendo una vez a mitad de la cocción, hasta que las patatas estén doradas y las coles de Bruselas, ligeramente chamuscadas. Sazona con más sal y pimienta, si lo deseas, y sirve de inmediato.

Puré de patata y coliflor con sencilla salsa de champiñones

- 900 g de patatas de carne amarilla (Yukon Gold, por ejemplo), peladas o sin pelar, cortadas en trozos de 2,5 cm
- 1 coliflor pequeña (entre 600 y 700 g) cortada en pequeños floretes (4 tazas/1l)
- 2 cucharadas (30 ml) de mantequilla vegana
- 1 cucharadita (5 ml) de sal marina fina, o al gusto
- Pimienta negra recién molida
- 1 diente de ajo, picado
- Leche vegetal, si se desea
- 1 receta de sencilla salsa de champiñones (página 294)

Sugerencia: puedes variar la proporción de coliflor y patata a medida que te vayas acostumbrando al sabor de la coliflor.

ste puré de coliflor y patata es una ingeniosa manera de camuflar una hortaliza supernutritiva en el puré de patata habitual sin que nadie se dé cuenta. Cuando cueces suavemente la coliflor y la haces puré junto con las patatas, les añades volumen, reduces las calorías y, por supuesto, les incorporas una tonelada de nutrientes adicionales. En este caso, el puré va acompañado de una salsa de champiñones, sabrosa a la vez que saludable, pero también está riquísimo con una nuez de mantequilla vegana. Un poco de romero fresco picado le va también de maravilla.

6 raciones

Tiempo de preparación: 30 minutos | **Tiempo de cocción:** 20-30 minutos

Sin gluten, sin frutos secos, sin soja, sin azúcar, sin cereal

1. Pon las patatas en una cazuela grande y añade agua hasta cubrirlas. Lleva a ebullición y cuece 10 minutos sin tapar.
2. Pasados los 10 minutos, añade la coliflor a las patatas y hiérvelas juntas, sin tapar, 10 minutos más, hasta que estén tiernas al pincharlas con el tenedor.
3. Escurre las patatas y la coliflor y vuelve a ponerlas en la cazuela. Aplástalas con un prensapatatas hasta que quede un puré suave y homogéneo, añadiendo la mantequilla vegana, sal, pimienta y ajo mientras las aplastas. Resiste la tentación de añadir leche en un primer momento, ya que al prensar la coliflor soltará un poco de agua que diluirá ligeramente la mezcla. Espera hasta el final, y entonces añade un chorrito de leche si es necesario.
4. Sirve el puré cubierto de sencilla salsa de champiñones.

Calabaza moscada con «parmesano» de almendras y pacanas para época de vendimia

PARA LA CALABAZA:

- 1 calabaza moscada de entre 900 g y 1,350 kg, pelada y troceada
- 2 dientes grandes de ajo, picados
- ½ taza (125 ml) de hojas de perejil fresco, picadas finas
- 1 ½ cucharadita (7 ml) de aceite de oliva virgen extra
- ½ cucharadita (2 ml) de sal marina fina

PARA EL PARMESANO DE ALMENDRAS Y PACANAS:

- ¼ de taza (60 ml) de almendras
- ¼ de taza (60 ml) de pacanas
- 1 cucharada (15 ml) de levadura nutricional (opcional)
- 1 ½ cucharadita (7 ml) de aceite de oliva virgen extra
- Una pizca (0,5 ml) de sal marina fina

- 1 taza (250 ml) de hojas de col lacinato (o berza dinosaurio) sin tallos ni nervios

La calabaza moscada caramelizada y las finas tiras de col lacinato van cubiertas de «parmesano» de almendras y pacanas en este delicioso plato otoñal. No es de extrañar que esta guarnición tan hogareña sea una de las más populares de mi blog.

La parte más laboriosa de la receta es trocear la calabaza, pero lo demás es coser y cantar. A veces, cuando tengo prisa, compro en la frutería calabaza fresca ya troceada, para poder preparar esta receta en un abrir y cerrar de ojos. ¿Me guardarás el secreto?

4 raciones

Tiempo de preparación: 30 minutos | **Tiempo de cocción:** 45-55 minutos

Sin gluten, sin soja, sin azúcar, sin cereal

1. Haz la calabaza: precalienta el horno a 200 °C. Engrasa ligeramente con aceite una olla de hierro fundido de 2,5 a 3 l de capacidad.

2. Pela la calabaza. Corta el extremo superior e inferior y luego parte la calabaza en dos en sentido longitudinal. Quítale las semillas con una cuchara para pomelos o una cuchara de servir helados. Córtala en trozos de 2,5 cm y ponlos en la olla.

3. Añade el ajo, el perejil, el aceite y la sal, y revuelve todo hasta que quede bien mezclado con la calabaza.

4. Tapa la olla (con su tapa o con una lámina de aluminio) y hornea durante 35 a 40 minutos, o hasta que la calabaza esté tierna.

5. Entretanto, haz el «parmesano» de almendras y pacanas: En el vaso del robot de cocina, mezcla las almendras, las pacanas, la levadura nutricional, el aceite y la sal y tritura hasta obtener una mezcla de consistencia gruesa (o simplemente pica los frutos secos a mano y mézclalo todo junto en un bol).

6. Cuando la calabaza esté tierna, sácala del horno y baja la temperatura a 180 °C. Con cuidado, incorpora la col a la olla y espolvoréale con el «parmesano» de almendras y pacanas. Vuelve a introducir la olla en el horno y déjala, sin tapar, de 6 a 8 minutos más, hasta que los frutos secos estén ligeramente tostados y las hojas de col estén lacias.

Refrigerios energéticos

Eric, mi marido, puede dar fe de que es mucho más agradable estar cerca de mí cuando tengo algún tentempié que mantenga al monstruo del hambre a raya. Soy de esas chicas que llevan siempre una barrita energética en el bolso «por si acaso». Una vez encontré en el fondo del bolso un corazón de manzana añejo que debía de llevar allí un par de meses. Eric sacudió la cabeza, ¡estas cosas ya no le sorprenden, claro! Un tentempié puede ser algo tan simple como una manzana con crema de almendras o unas galletas saladas con hummus, pero cuando quieras introducir algún cambio, espero que las recetas de este capítulo te inspiren a probar algo nuevo. En él, encontrarás también dos de mis recetas de barritas energéticas Glo Bar de la tahona que regenté durante un par de años, Glo Bakery. ¡Estoy entusiasmada de poder compartir estas recetas por primera vez! Las Glo Bar son el refrigerio perfecto para llevar a las reuniones de amigos y excursiones campestres y se conservan de maravilla en el congelador para poder echar mano de ellas en cualquier momento. Si prefieres los tentempiés salados, prueba el superenergético pan de chía (página 243) untado con aceite de coco o crema de frutos secos o los garbanzos tostados a la perfección (página 234) si te apetece algo crujiente y repleto de proteínas. ¡Un brindis por los refrigerios saludables!

Barritas energéticas Glo Bar clásicas

- 1 ½ taza (375 ml) de copos de avena, sin gluten
- 1 ¼ taza (300 ml) de copos de arroz crujientes
- ¼ de taza (60 ml) de semillas de cáñamo
- ¼ de taza (60 ml) de semillas de girasol
- 2 cucharadas (30 ml) de semillas de sésamo
- 2 cucharadas (30 ml) de semillas de chía
- ½ cucharadita (2 ml) de canela molida
- ¼ de taza (60 ml) de coco rallado sin endulzar
- ¼ de cucharadita (1 ml) de sal marina fina
- ½ taza (125 ml) más 1 cucharada (15 ml) de melaza de arroz integral
- ¼ de taza (60 ml) de crema de cacahuete tostado o crema de almendras
- 1 cucharadita (5 ml) de extracto puro de vainilla
- ¼ de taza (60 ml) de pepitas de chocolate sin aditivos lácteos (de la marca Enjoy Life, por ejemplo) (opcional)

Sugerencia: si quieres que las barritas no contengan frutos secos, sustituye la crema de cacahuete por crema de semillas de girasol. Busca una que sea ligeramente dulce, como la de la marca Sunbutter, porque la que no está endulzada puede dejar un regusto amargo.

¡Esta barrita de granola fue el origen de todo! En 2009, creé una receta de barrita energética vegana. Decir que fue un éxito rotundo desde el primer momento es quedarme corta. La gente, en Internet y fuera de Internet, perdía la cabeza por estas barritas energéticas; se hicieron tan populares que empecé a recibir todo tipo de peticiones para que vendiera mis Glo Bars a los fervorosos fans. Varios meses más tarde, inauguré una panadería vegana en línea que ofrecía esta Glo Bar y otras barritas de varios sabores distintos. Confeccionaba, a mano, más de quinientas Glo Bar a la semana. Fue una aventura inenarrable, y cuando empecé a escribir este libro de cocina, supe que quería incluir en él un par de recetas de las Glo Bar más populares en agradecimiento a la lealtad de mis clientes. Así que aquí van, queridos fans de la Glo Bar; ¡es mi manera de daros las gracias por todo vuestro apoyo durante tantos años! Y si todavía no has probado una Glo Bar, ¡espero que te guste tanto como a nosotros!

12 barritas

Tiempo de preparación: 15 minutos | **Tiempo de congelación:** 10 minutos

Sin gluten, sin aceite, crudas/sin hornear, sin soja, sin azúcar refinado, opción sin cereal

1. Forra un molde de pastel cuadrado de 22 cm (2,5 l) con dos hojas de papel vegetal (cada una en una dirección).
2. En un bol grande, echa los copos de avena y de arroz crujiente, las semillas de cáñamo, las de girasol, las de sésamo y las de chía, el coco, la canela y la sal y mezcla todo bien.
3. En un cazo pequeño, pon la melaza de arroz integral y la crema de cacahuete y remueve hasta combinarlos, a fuego entre medio y alto, hasta que la mezcla se ablande y burbujee un poco. Luego, aparta el cazo del fuego e incorpora la vainilla.

4. Vierte la mezcla de crema de cacahuete y melaza sobre la mezcla de copos, utilizando una espátula para rebañar hasta la última gota del cazo. Remueve bien con una cuchara grande de metal hasta que todos los copos estén bien recubiertos de la mezcla líquida. (El resultado de esto será una masa muy densa y difícil de remover. Si te cansas, ¡acuérdate de mí, que hacía quinientas barritas de un tirón, y seguro que te sentirás mejor!) Si vas a usar las pepitas de chocolate, deja que la mezcla se enfríe un poco antes de incorporarlas; esto evitará que se derritan.

5. Vuelca la masa en el molde que has preparado y extiéndela formando una capa uniforme. Humedécete un poco las manos y presiona la masa para igualarla. Luego usa un rodillo de repostería para compactarla con firmeza y por igual; esto ayudará a que las barritas se mantengan ligadas. Por último, presiona los bordes con los dedos para dejar la capa entera a nivel.

6. Introduce el molde en el congelador, sin tapar, y deja enfriar la masa 10 minutos, o hasta que esté firme.

7. Saca el cuadrado de cereales del molde, usando el papel vegetal a modo de asas, y colócalo sobre la tabla para cortarlo. Con un cortador de pizza (o un cuchillo de sierra), divide el cuadrado en 6 tiras y luego córtalas por la mitad, para hacer un total de 12 barritas.

8. Envuélvelas de una en una en plástico transparente de cocina o aluminio doméstico y guárdalas en un contenedor hermético en la nevera, donde aguantarán hasta 2 semanas. O también puedes guardarlas en el congelador, hasta 1 mes.

Barritas energéticas Glo Bar para regalo

- ½ taza (125 ml) de pacanas, finalmente picadas
- 1 ½ taza (375 ml) de copos de avena, sin gluten
- 1 ¼ taza (300 ml) de copos de arroz crujientes
- ¼ de taza (60 ml) de pipas de calabaza
- ¼ de taza (60 ml) de arándanos secos
- 1 cucharadita (5 ml) de canela molida
- ¼ de cucharadita (1 ml) de sal kosher
- ½ taza (125 ml) de melaza de arroz integral
- ¼ de taza (60 ml) de crema de almendras tostadas o crema de cacahuete
- 1 cucharadita (5 ml) de extracto puro de vainilla

La barrita Glo Bar para regalo era una de las más vendidas en mi panadería, así que ha sido una clara candidata a aparecer en este libro. Igual porque está rellena de canela, arándanos secos, de pacanas tostadas y pipas de calabaza, esta barrita de granola evoca en mí siempre recuerdos navideños. Saboréala, ¡es mi regalo! Me encanta hacer varias tandas de barritas poco antes de las vacaciones y regalárselas a la familia y los amigos.

12 barritas

Tiempo de preparación: 10 minutos | **Tiempo de congelación:** 10 minutos

Sin gluten, sin aceite, sin soja, sin azúcar refinado

1. Precalienta el horno a 150 °C. Forra un molde de pastel cuadrado de 22 cm (2,5 l) con dos hojas de papel vegetal (cada una en una dirección).

2. Esparce las pacanas en una sola capa uniforme sobre una bandeja de hornear con borde y tuéstalas en el horno entre 10 y 12 minutos, hasta que adquieran un ligero tono dorado y desprendan su apetitoso aroma. Déjalas enfriar.

3. En un bol grande, mezcla los copos de avena y de arroz crujiente, las pipas de calabaza, los arándanos, la canela y la sal e incorpora a continuación las pacanas tostadas.

4. En un cazo pequeño, mezcla la melaza de arroz integral con la crema de almendras y remueve para combinarlas, a fuego entre medio y alto, hasta que la mezcla se ablande y burbujee un poco. Luego, aparta el cazo del fuego e incorpora la vainilla.

5. Vierte la mezcla de crema de almendras con melaza sobre la mezcla de copos, utilizando una espátula para rebañar hasta la última gota del cazo. Remueve bien hasta que todos los copos estén recubiertos de la mezcla líquida (el resultado será una masa muy densa y difícil de remover).

6. Traslada la masa al molde que has preparado y extiéndela formando una capa uniforme. Humedécete un poco las manos y presiona la masa para igualarla. Luego usa un rodillo de repostería para compactarla con firmeza y por igual; esto ayudará a que las barritas se mantengan ligadas. Por último, presiona los bordes con los dedos para dejar la capa entera a nivel.

7. Introduce el molde en el congelador, sin tapar, y deja enfriar la masa 10 minutos, o hasta que esté firme.

8. Saca el cuadrado de cereales del molde, usando el papel vegetal a modo de asas, y colócalo sobre la tabla para cortarlo. Con un cortador de pizza (o un cuchillo de sierra), divide el cuadrado en 6 tiras y luego córtalas por la mitad, para hacer un total de 12 barritas.

9. Envuélvelas individualmente en plástico transparente de cocina o aluminio doméstico y guárdalas en un contenedor hermético en el frigorífico, donde aguantarán hasta 2 semanas. O quizá prefieras guardarlas en el congelador para que se conserven hasta 1 mes.

Garbanzos tostados a la perfección

- 1 lata o tarro de garbanzos (425 g), enjuagados y escurridos
- ½ cucharadita (2 ml) de aceite de oliva virgen extra
- 1 cucharadita (5 ml) de ajo en polvo
- ½ cucharadita (2 ml) de sal marina fina o Herbamare
- ½ cucharadita (2 ml) de cebolla en polvo
- ¼ de cucharadita (1 ml) de pimienta de Cayena

Sugerencia: si te sobran garbanzos tostados, déjalos enfriar por completo y luego guárdalos dentro de un contenedor en el congelador; se conservarán de 5 a 7 días. Para recalentarlos, simplemente vuelca los garbanzos congelados sobre una bandeja de horno y ásalos a 200 °C entre 5 y 10 minutos, o hasta que estén calientes por dentro. Esto les devuelve a los garbanzos su divino punto crujiente. ¡Vaya que sí!

En casa, esta es la receta de garbanzos tostados apropiada para cualquier ocasión. Después de probar varias combinaciones distintas de especias, esta es la que entusiasmó a todo el mundo. Si nunca has comido garbanzos tostados, ¡te espera una muy grata sorpresa! Una vez asados, los garbanzos están crujientes y tienen una textura firme y mantecosa, lo cual hace de ellos el perfecto tentempié, rebosante de proteínas, que llevarte a la boca. Lee a la izquierda la sugerencia para conservar y recalentar los garbanzos sobrantes.

3 raciones

Tiempo de preparación: 10 minutos | Tiempo de cocción: 35 minutos

Sin gluten, sin frutos secos, sin soja, sin azúcar, sin cereal

1. Precalienta el horno a 200 °C. Forra con papel vegetal una bandeja de hornear con borde.
2. Pon un paño de cocina extendido sobre la encimera. Vierte los garbanzos encima y cúbrelos con otro paño de cocina. Frótalos con suavidad hasta que estén totalmente secos. Luego, con cuidado, pásalos a la bandeja de horno que tienes preparada.
3. Rocía el aceite en los garbanzos y hazlos rodar hasta que estén recubiertos por igual.
4. Espolvorea el ajo en polvo, la sal, la cebolla en polvo y la pimienta de Cayena sobre los garbanzos y hazlos rodar de nuevo para que se recubran bien.
5. Asa los garbanzos 20 minutos y luego agita la bandeja para que rueden y cambien de posición. Hornéalos de 10 a 15 minutos más, hasta que estén dorados y ligeramente chamuscados. Déjalos enfriar en la misma bandeja durante 5 minutos y luego sirve.

Garbanzos tostados con sal y vinagre

- 1 lata o tarro de garbanzos (425 g), enjuagados y escurridos
- 2 ½ taza (625 ml) de vinagre blanco
- 1 cucharadita (5 ml) de aceite de oliva virgen extra
- ½ cucharadita (2 ml) de sal marina fina o gruesa, más la que se necesite

Sugerencia: te recomiendo que pongas en marcha el extractor de humos y abras la ventana mientras los garbanzos hierven en el vinagre, ya que el olor es muy fuerte. Como dice mi marido, mantiene a los vampiros a distancia. ¡No digas que no te advertí!

¡Llamando a todos los entusiastas de la sal y el vinagre! Esta es mi versión del tentempié que más me apasionaba de niña: las patatas fritas con sal y vinagre.

En esta receta —más saludable— lo que hacemos es hervir los garbanzos en vinagre, lo cual les infunde un intenso sabor.

Luego, los asamos con sal marina y un toque de aceite de oliva hasta que estén crujientes. Como suele decirse, una vez que empiezas, ya no puedes parar (pero si paras, lee la sugerencia de la página 234 para guardar los garbanzos tostados sobrantes).

3 raciones

Tiempo de preparación: 30 minutos | **Tiempo de cocción:** 30-35 minutos

Sin gluten, sin frutos secos, sin soja, sin azúcar, sin cereal

1. Pon los garbanzos y el vinagre en un cazo mediano. Añade una pizca de sal marina. Lleva el vinagre a ebullición y déjalo hervir unos 30 segundos; a continuación, aparta el cazo del fuego.
2. Verás que se han desprendido algunas pieles de los garbanzos, pero no te preocupes.
3. Tapa la cazuela y deja los garbanzos a remojo en el vinagre entre 25 y 30 minutos.
4. Precalienta el horno a 200 °C. Forra con papel vegetal una bandeja de hornear con borde.
5. Escurre los garbanzos en un colador grande; desecha el vinagre.
6. Sacude los garbanzos un poco para que suelten el exceso de vinagre, pero no hace falta que los seques.

7. Pasa los garbanzos a la bandeja de horno que has preparado y rocíales aceite. Úntalos de aceite removiéndolos con los dedos hasta que estén recubiertos. Espolvorea la sal por encima.

8. Asa los garbanzos 20 minutos y luego agita con suavidad la bandeja para que rueden y se den la vuelta. Hornéalos de 10 a 15 minutos más, hasta que estén dorados y ligeramente chamuscados.

9. Deja enfriar los garbanzos en la bandeja 5 minutos. Adquirirán una consistencia más firme a medida que se vayan enfriando.

Potente bomba helada de pudin de chía

PARA EL PUDIN:

- 3 cucharadas (45 ml) de semillas de chía
- 1 taza (250 ml) de leche vegetal
- ½ cucharadita (2 ml) de extracto puro de vainilla
- 1 ½ a 3 cucharaditas (7 a 15 ml) de sirope de arce o de agave, al gusto

PARA FORMAR LAS CAPAS:

- Fruta fresca
- Bocados supremos de granola crujiente (página 53)
- Helado suave de plátano (página 302) (opcional)

Sugerencia: si quieres una versión sin frutos secos, usa una leche vegetal que no esté hecha de frutos secos, como la leche de coco, por ejemplo.

El pudin de chía es un modo delicioso de obtener una saludable dosis de ácidos grasos omega-3, que le dan a la piel un brillo de pura salud. Este pudin es particularmente cremoso cuando se hace con leche cremosa de almendras con vainilla (página 287). La densidad del pudin de chía variará en función del tipo de leche que uses, así que no te preocupes si resulta un poco espeso o líquido la primera vez que lo prepares. En este último caso, añade más semillas de chía y déjalo reposar 30 minutos más; si sale demasiado espeso, prueba a añadir una pizca más de leche de almendras. Si no te entusiasma la textura de tipo tapioca que tiene este pudin, pásalo por la batidora antes de servirlo.

1 ración

Tiempo de preparación: 5 minutos | **Tiempo de enfriado:** 8 horas o toda la noche

Sin gluten, sin aceite, crudo/ sin cocción, sin soja, sin azúcar refinado, sin cereal, opción sin frutos secos

1. En un bol mediano, bate juntos con las varillas las semillas de chía, la leche, la vainilla y el sirope de arce. Tápalo y déjalo en el frigorífico toda la noche, o al menos dos horas, para que espese.
2. Sirve el pudin muy frío, una vez que haya espesado, en vasos o copas de postre, alternándolo con capas de fruta fresca y de granola. Para darle un toque cremoso, alterna también alguna capa de helado suave de plátano.

Magdalenas tipo muffin de chocolate y calabacín sin aceite

- 1 cucharada (15 ml) de semillas de lino
- 1 ¼ taza (300 ml) de leche vegetal
- 2 cucharaditas (10 ml) de vinagre de manzana o zumo de limón
- 2 tazas (500 ml) de harina de trigo integral para repostería
- ½ taza (125 ml) de azúcar natural de caña, azúcar de coco o azúcar moreno
- 1/3 de taza (75 ml) de cacao en polvo sin endulzar, tamizado
- 1 ½ cucharadita (7 ml) de levadura química en polvo
- ½ cucharadita (2 ml) de bicarbonato sódico
- ½ cucharadita (2 ml) de sal marina fina
- 3 cucharadas (45 ml) de sirope puro de arce
- 1 cucharadita (5 ml) de extracto puro de vainilla
- 1/3 de taza (75 ml) de pepitas de chocolate negro
- 2/3 de taza (150 ml) de nueces, picadas (opcional)
- 1 ¼ taza (300 ml) de calabacín rallado, sin comprimir (alrededor de ½ calabacín mediano)

Sugerencia: si quieres una opción sin frutos secos, omite las nueces.

Estas magdalenas ligeramente dulces y sin aceite ¡esconden una saludable verdura! No te preocupes, el calabacín no se nota, pero cumple el fantástico papel de aportarles humedad, lo cual nos permite no tener que añadir nada de aceite. ¿Cómo? ¿Una magdalena vegana sin azúcar refinado ni aceite que, además, sabe fenomenal? ¡Sí, como lo oyes!

12 magdalenas

Tiempo de preparación:	Tiempo de cocción:
20-30 minutos	15-17 minutos

Sin aceite, sin soja, sin azúcar refinado, opción sin frutos secos

1. Precalienta el horno a 180 °C. Engrasa ligeramente con aceite un molde para magdalenas.
2. En un bol pequeño, mezcla las semillas de lino y 3 cucharadas (45 ml) de agua. Reserva.
3. En un bol mediano, mezcla la leche y el vinagre. Reserva. Se cortará, pero de eso se trata: estamos haciendo suero de leche vegano.
4. En un bol grande, mezcla la harina, el azúcar, el cacao en polvo, la levadura, el bicarbonato y la sal.
5. Al bol donde has mezclado la leche y el vinagre, añádele la mezcla de semillas de lino, el sirope de arce y la vainilla. Vierte la mezcla de leche sobre la mezcla de harina y remueve hasta que quede todo ligado. Incorpora las pepitas de chocolate, las nueces (si lo deseas) y el calabacín, con cuidado de no remover en exceso.
6. Reparte la masa en cada hueco del molde que has engrasado, llenándolos ¾ partes. Hornea entre 15 y 17 minutos, o hasta que las magdalenas estén firmes y esponjosas al tacto. Al insertar un palillo en el centro de la magdalena, debe salir limpio. Déjalas enfriar en el molde 5 minutos.
7. Sácalas del molde y déjalas enfriar del todo en una rejilla.

Superenergético pan de chía

- ½ taza (125 ml) de copos de avena, sin gluten
- ¼ de taza (60 ml) de trigo sarraceno en grano (o más copos de avena)
- ½ taza (125 ml) de semillas de chía
- ¼ de taza (60 ml) de semillas de girasol crudas
- ¼ de taza (60 ml) de pipas de calabaza crudas
- 1 cucharadita (5 ml) de orégano seco
- 1 cucharadita (5 ml) de azúcar (opcional)
- ½ cucharadita (2 ml) de tomillo seco
- ½ cucharadita (2 ml) de sal marina fina, más la que se necesite
- ¼ de cucharadita (1 ml) de ajo en polvo
- ¼ de cucharadita (1 ml) de cebolla en polvo

Sugerencias: este pan se conservará bien en el frigorífico de 2 a 3 días guardado en un contenedor hermético; después de esto, irá adquiriendo una consistencia gomosa.

Yo prefiero congelar el que sobra y simplemente ponerlo a descongelar en el frigorífico antes de usarlo.

Me encanta tostar este pan y untarlo luego con aceite de coco, crema de frutos secos o hummus. ¡Haz la prueba!

Jugosa, sabrosa y consistente…: ¡no es la habitual rebanada de pan común! Con sus 9 g de proteínas y más de 7 g de fibra por rebanada, este pan te dará energía durante horas y es una alternativa más saludable al típico pan de panadería. Como en nuestra casa es un alimento básico, hago una doble tanda a la semana. ¡Experimenta cuanto quieras con las hierbas aromáticas y especias según tus gustos!

8 raciones

Tiempo de preparación: 5 minutos | **Tiempo de cocción:** 30 minutos

Sin gluten, sin frutos secos, sin aceite, sin soja, opción sin azúcar

1. Precalienta el horno a 160 °C. Forra un molde de pastel cuadrado de 22 cm (2,5 l) con dos hojas de papel vegetal (cada una en una dirección).
2. Pon los copos de avena y el trigo sarraceno en una batidora de vaso de alta velocidad y tritúralos juntos a velocidad máxima hasta obtener una harina fina.
3. En un bol grande, mezcla la harina de avena y de trigo sarraceno con las semillas de chía, de girasol y de calabaza, el orégano y el azúcar (si lo deseas), el tomillo, la sal y el ajo y la cebolla en polvo hasta combinarlo bien.
4. Incorpora 1 taza (250 ml) de agua y combínalo todo. El resultado será una mezcla aguada y bastante líquida.
5. Vierte la mezcla en el molde. Extiéndela y alísala con una espátula para que quede uniforme (o puedes usar las manos humedecidas para nivelarla, si es necesario). Espolvorea por la superficie un poco más de sal.
6. Hornea, sin tapar, unos 25 minutos, o hasta que esté firme al tacto. Déjalo enfriar en el molde 5 minutos y luego pásalo a una rejilla para que siga enfriándose de 5 a 10 minutos más. Córtalo en rebanadas y ¡buen provecho!

Bocados de plátano con cacao y crema crujiente de almendras

- 2 plátanos grandes, pelados y cortados en rodajas de 2 cm
- 3 cucharadas (45 ml) de crema de almendras o de cacahuetes tostado de consistencia gruesa y con trozos
- 2 cucharadas (30 ml) de pepitas de chocolate negro
- ½ cucharadita (2 ml) de aceite de coco
- 1 cucharada (15 ml) de granos de cacao crudo troceados
- 2 cucharaditas (10 ml) de almendras fileteadas tostadas

Voy a presentarte una alternativa sana al pesado postre helado clásico. Los trocitos de plátano congelados imitan la textura cremosa del helado ¡y combinados con el toque crujiente de los acompañamientos crean una auténtica fiesta en la boca! Te recomiendo encarecidamente que uses crema de frutos secos tostados y con trozos, si puedes encontrarla —o prueba la crema crujiente de almendras tostadas con sirope de arce y canela (página 309)—. Los trocitos de frutos secos le dan a este refrigerio una textura muy agradable y un inigualable sabor tostado.

18 bocados

Tiempo de preparación: 10 minutos | **Tiempo de congelación:** 30-40 minutos

Sin gluten, crudo/sin hornear, sin cereal

1. Cubre un plato grande con una hoja de papel vegetal. Coloca sobre el papel las rodajas de plátano. Con cuidado, extiende ½ cucharadita (2 ml) de la crema de almendras sobre cada rodaja.
2. Pon el plato en el congelador y déjalo enfriar al menos 30 minutos, hasta que el plátano esté firme.
3. En un cazo pequeño, derrite a fuego lento las pepitas junto con el aceite. Remueve para combinar. Echa un chorrito de chocolate derretido sobre cada rodaja.
4. Acto seguido, espolvorea en las rodajas de plátano los granos de cacao y la almendra fileteada y clávales un palillo de dientes (si lo deseas). El chocolate derretido se endurecerá rápidamente. Si no fuera así, vuelve a meter el plato en el congelador y déjalo entre 5 y 10 minutos más, hasta que el chocolate se endurezca.
5. Sirve de inmediato. Guarda las sobras en un contenedor dentro del congelador. Deja descongelar unos minutos sobre la encimera antes de servir.

Bocaditos de masa para galletas con crema de cacahuete

- 1 ½ taza (375 ml) de copos de avena, sin gluten
- 2 cucharadas (30 ml) de aceite de coco
- 2 cucharadas (30 ml) de crema fina de cacahuete, almendras o semillas de girasol
- ¼ de taza (60 ml) de sirope puro de arce u otro edulcorante natural líquido
- 1 cucharadita (5 ml) de extracto puro de vainilla
- ½ taza (125 ml) de harina de almendras peladas o sin pelar
- ¼ de cucharadita (1 ml) de sal marina fina
- 2 cucharadas (30 ml) de pepitas de chocolate negro muy pequeñas o chocolate negro picado

Sugerencias: para una versión de la receta que no lleve frutos secos, es suficiente con que sustituyas la crema de cacahuete por crema de semillas de girasol y aumentes la cantidad de harina de avena para reemplazar la harina de almendra (añade una pizca de leche vegetal si la masa queda demasiado seca). Ambas versiones resultan estupendas.

Para una versión sin soja, usa pepitas de chocolate que no contengan soja (de la marca Enjoy Life, por ejemplo).

De niñas, mi amiga Allison y yo solíamos comernos a medias, como tentempié, un paquete entero de masa para galletas que comprábamos en la panadería. ¡Sí, como tentempié! Cortábamos el paquete de plástico por la mitad, agarrábamos dos cucharas y nos íbamos de paseo al centro comiéndonos la masa cruda. ¡Quién pudiera volver a ser niña! Me alegra decir que, en cualquier caso, mi afición a la masa para galletas nunca ha menguado; solo que ahora la hago yo, usando ingredientes totalmente naturales. (Oigo a la salud, las arterias y la cintura darme las gracias.) Lo mejor de todo es que estos bocaditos de masa para galletas siguen siendo muy del gusto de los niños.

14 bocaditos

Tiempo de preparación: 15 minutos | **Tiempo de congelación:** 10 minutos

Sin gluten, crudo/sin hornear, sin soja, opción sin frutos secos, sin azúcar refinado

1. En una batidora de alta velocidad, tritura los copos de avena hasta formar una harina fina. Resérvala.
2. En un bol grande, mezcla el aceite, la crema de cacahuete, el sirope de arce y la vainilla y bátelos con una batidora de mano hasta obtener una mezcla fina. Añade la harina de almendra, la harina de avena y la sal y bate de nuevo para combinarlo todo. Incorpora las pepitas de chocolate.
3. Amasa la mezcla en el bol y divídela en bolitas (1 cucharadita/5 ml de masa para cada una). Si las pepitas de chocolate se desprenden de la masa, haz presión sobre ellas al amasar para incorporarlas de nuevo. Coloca los bocaditos terminados sobre un plato cubierto con papel vegetal.
4. Congela los bocaditos entre 5 y 10 minutos, hasta que estén firmes. Consérvalos en el congelador, dentro de una bolsa para congelados, y tendrás un tentempié rápido y muy fácil de hacer.

Postres

Siempre he sido la golosa de la familia. Desde pequeña, prefería los dulces a cualquier tentempié salado, e incluso en la actualidad, raro es que no acabe el día con algo dulce. Puede consistir simplemente en un par de onzas de chocolate negro o una pieza de fruta, o, si tenemos invitados, suelo saltarme todas las restricciones y saborear algún postre irresistible, como la torta helada de chocolate y café exprés con base de avellana tostada (página 253) o el pastel cremoso de chocolate de doble capa (página 261). La vida es demasiado corta para privarse de un postre. Lo mejor de mis postres, de todos modos, es que, aparte de conseguir que a cualquiera se le haga la boca agua, están hechos de ingredientes saludables. Prefiero usar harinas integrales, de avena, de almendra o de trigo para repostería y edulcorantes naturales, como el sirope de arce, el azúcar de coco o los dátiles Medjool, siempre que puedo. La verdad es que se nota la diferencia, ¡sobre todo cuando comemos un poco más de la cuenta! Si lo que quieres es algo que sacie al momento tu deseo de dulce, prueba uno de los postres que no necesitan horno, como los yolos helados (página 275) o el postre de pizza helada para combatir el calor (página 281). Las galletas crujientes de crema de almendra con pepitas de chocolate (página 277) se hacen también en un momento y son el acompañamiento perfecto para un vaso de leche cremosa de almendras con vainilla (página 287). Solo de pensar en ello, se me hace la boca agua.

Torta helada de chocolate y café exprés con base de avellana tostada

PARA LA BASE DE AVELLANA TOSTADA:

- ¾ de taza (175 ml) de avellanas crudas
- ¼ de taza (60 ml) de aceite de coco
- 3 cucharadas (45 ml) de sirope de arce
- ¼ de cdta. (1 ml) de sal marina fina
- ½ taza (125 ml) de harina de avena, sin gluten
- 1 taza (250 ml) de copos de avena, sin gluten

PARA EL RELLENO DE CHOCOLATE:

- 1 ½ taza (375 ml) de anacardos, puestos a remojo (consulta la página 33)
- 2/3 de taza (150 ml) de sirope de agave, o ¾ de taza (175 ml) de sirope de arce
- ½ taza (125 ml) de aceite de coco
- 1/3 de taza (75 ml) de cacao en polvo
- 1/3 de taza (75 ml) de pepitas de chocolate negro, derretidas
- 2 cdtas. (10 ml) de extracto de vainilla
- ½ cdta. (2 ml) de sal marina fina
- ½ cdta. (2 ml) de café exprés molido (opcional)

- Virutas de chocolate (opcional)
- Hojuelas de coco (opcional)

Sugerencia: ¿que no te apetece hacer la base? Convierte este postre en un dulce de chocolate helado preparando solo el relleno. Viértelo en un molde cuadrado (de 20 cm) forrado con film de plástico; cubre el relleno con ½ taza (125 ml) de avellanas o nueces tostadas y congélalo hasta que se solidifique (2 horas). Córtalo en cuadrados y saboréalo recién sacado del congelador.

Este es un postre de chocolate que gusta a todo el mundo y que conquistará sin duda a los amantes del chocolate. Recuerda un poco a la Nutella (la popular crema de chocolate y avellanas) por su base de avellana tostada, que es el complemento crujiente perfecto para el cremoso y denso relleno de chocolate. Nadie se creerá que esta torta no lleve productos lácteos, y serán muchos los que se acerquen a repetir, a pesar de sus buenas intenciones. Si quieres un postre que deje a todo el mundo con la boca abierta, esta es tu receta. Acuérdate, eso sí, de poner los anacardos a remojo de víspera, o al menos tres o cuatro horas antes, para tenerlos listos cuando los necesites.

1 torta (de 23 cm); 8 a 14 raciones

Tiempo de preparación:	Tiempo de congelación:
30-35 minutos	4-6 horas mínimo, pero preferiblemente toda la noche

Sin gluten

1. Haz la base de almendra tostada: precalienta el horno a 180 °C. Engrasa ligeramente con aceite de coco una fuente o molde para tarta.

2. En el procesador de alimentos, tritura las avellanas hasta conseguir una harina granulada, con textura de arena. Añade el aceite, el sirope de arce, la sal y la harina de avena y procésalos juntos hasta que quede una masa ligada. Por último, añade los copos de avena y vuelve a triturar hasta que estén troceados pero tengan cierta textura. La masa debería ser un poco pegajosa al presionarla entre los dedos, pero no pegajosa en extremo. Si estuviera demasiado seca, prueba a añadirle 1 cucharadita (5 ml) de agua o a procesarla un poco más.

3. Con los dedos, desmiga la masa uniformemente sobre el fondo del molde para tarta. Empezando por el centro,

presiona la mezcla con firmeza y por igual sobre el molde y hacia los lados, subiendo para formar el borde. Cuanta más presión hagas sobre las migas, más consistencia tendrá la base. Hazle unos agujeritos en el fondo con un tenedor para que pueda escapar el vapor.

4. Hornea la base, sin tapar, de 10 a 13 minutos, hasta que esté ligeramente dorada. Sácala del horno y déjala enfriar sobre una rejilla durante 15 o 20 minutos.

5. Haz el relleno: enjuaga y escurre los anacardos. En el vaso de una batidora de alta velocidad, mezcla los anacardos remojados, el sirope de agave, el aceite, el cacao en polvo, el chocolate derretido, la vainilla, la sal y el café molido (si quieres) y bate a velocidad alta hasta lograr una mezcla fina y completamente homogénea. Puede que necesites batirla unos minutos para conseguirlo, dependiendo de la batidora. Si vieras que a la batidora le falta líquido para formar la crema, añade 1 cucharada (15 ml) de leche de almendras (o un poco más) para ayudarla.

6. Vierte el relleno sobre la base ya preparada, rebañando bien el vaso de la batidora. Alisa la superficie. Adorna con virutas de chocolate u hojuelas de coco, si lo deseas.

7. Introduce la fuente de tarta, destapada, en el congelador sobre una superficie uniforme. Congélala un par de horas y luego tapa la fuente con una lámina de aluminio y déjala en el congelador toda la noche, o al menos de 4 a 6 horas, hasta que se asiente.

8. Saca la torta del congelador y déjala reposar en la encimera unos 10 minutos antes de cortarla. Esta torta se debe servir helada. Sírvela con nata de coco montada (página 292) y avellanas picadas finas, si lo deseas, pero sola está también estupenda. Envuelve de uno en uno los trozos que sobren en aluminio doméstico y guárdalos en un contenedor hermético en el congelador; se conservarán de 1 semana a 10 días.

Crocante de manzanas de la Madre Naturaleza

PARA EL RELLENO DE MANZANA:

- 6 a 7 tazas bien llenas (1,5 a 1,75 l) de manzanas de asar, peladas y troceadas (unas 6 o 7 manzanas) (consulta la sugerencia de la página 257)
- 1 cucharada (15 ml) de arrurruz o maicena
- 1/3 de taza (75 ml) de azúcar natural de caña u otro edulcorante natural granulado
- 1 cucharada (15 ml) de semillas de chía (opcional)
- 1 cucharadita (5 ml) de canela molida
- 1 cucharada (15 ml) de zumo de limón recién exprimido

PARA LA CUBIERTA:

- 1 taza (250 ml) de copos de avena, sin gluten
- 1 taza (250 ml) de almendras finamente fileteadas
- 1/3 de taza (75 ml) de harina de almendras (peladas o sin pelar)
- ¼ de taza (60 ml) de sirope puro de arce
- ¼ de taza (60 ml) de aceite de coco, derretido
- 2 cucharadas (30 ml) de coco rallado sin endulzar (opcional)
- 1 cucharadita (5 ml) de canela molida
- ¼ de cucharadita (1 ml) de sal marina fina

Puedes decirles adiós a los tradicionales crocantes de manzana, muchos de ellos repletos de azúcar blanco, mantequilla y harina blanqueada con cloro. Esta versión, sin azúcar ni harina refinados, difícilmente podría ser más sana, y aun así les encanta a niños y mayores por igual. Sirve el crocante con una bola de tu helado vegano favorito o nata de coco montada (página 292) para hacerlo ya absolutamente irresistible. Si quieres introducir alguna innovación, prueba a mezclar peras y manzanas para variar.

8 raciones pequeñas

Tiempo de preparación: 30 minutos | **Tiempo de cocción:** 45-60 minutos

Sin gluten, sin soja, sin azúcar refinado

1. Precalienta el horno a 190 °C. Engrasa ligeramente una fuente de horno (28 x 23 cm/2,5 l).
2. Haz el relleno de manzana: Pon las manzanas picadas en un bol grande y espolvoréales la harina de arrurruz. Remueve hasta que estén recubiertas. Incorpora el azúcar, las semillas de chía y la canela. Añade el zumo de limón y remueve para mezclarlo todo. Vierte la mezcla en la fuente que has preparado y alisa la superficie.
3. Haz la cubierta: En un bol grande (puedes usar el mismo que has empleado para las manzanas), pon los copos de avena, las almendras, la harina de almendras, el sirope de arce, el aceite de coco derretido, el coco rallado (si lo vas a usar), la canela y la sal y remueve hasta que estén muy bien mezclados.
4. Espolvorea la mezcla de copos sobre la mezcla de manzana en una capa uniforme.
5. Cubre la fuente con papel de aluminio y haz un par de agujeros en el centro del aluminio para que salga el vapor. Hornea de 35 a 45 minutos, hasta que las manzanas estén

tiernas al pincharlas con el tenedor. Destapa la fuente y hornea entre 10 y 15 minutos más, hasta que la cubierta esté dorada y desprenda un delicioso aroma.

6. Sirve con una bola de helado vegano de vainilla o nata de coco montada (página 292). Los restos están deliciosos recién sacados del frigorífico, o puedes recalentarlos en el horno de 15 a 20 minutos. ¡Es lo bastante sano como para comérselo de desayuno al día siguiente, también!

Sugerencia: me gusta usar manzanas variadas para conseguir un sabor óptimo. Suelo hacer una mezcla de Honeycrisp, Granny Smith y Gala, y el resultado es fantástico. La receta permite trabajar también con fruta de otro tipo, así que usa la fruta de temporada que más te guste. Melocotones y arándanos es una buena combinación, solo que el crocante quedará mucho más jugoso (y en ocasiones un poco aguado).

Tarta de calabaza cruda y sirope de arce con base crujiente de avena

PARA LA BASE:

- 150 g de dátiles Medjool sin hueso (2/3 de taza/ 150 ml de dátiles sin hueso)
- 1 ¼ taza (300 ml) de copos de avena, sin gluten
- ½ taza (125 ml) de pacanas
- ¼ de cucharadita (1 ml) de canela molida
- Una pizca (0,5 ml) de sal
- 3 cucharadas (45 ml) de aceite de coco, a temperatura ambiente

PARA EL RELLENO:

- 1 taza (250 ml) de anacardos crudos, remojados (consulta la página 33)
- 1 taza (250 ml) de puré de calabaza envasado
- ¾ de taza (175 ml) de sirope puro de arce
- ½ taza (125 ml) de aceite de coco
- 2 cucharaditas (10 ml) de extracto puro de vainilla
- ¾ de cucharadita (4 ml) de canela molida
- ¼ de cucharadita (1 ml) de sal marina fina
- Una pizca (0,5 ml) de jengibre rallado
- Una pizca (0,5 ml) de nuez moscada recién rallada (o molida)

PARA SERVIR:

- Nata de coco montada (página 292) (opcional)
- Pacanas picadas finas (opcional)
- Nuez moscada recién rallada (opcional)

Hace poco llevé esta tarta de calabaza a una fiesta navideña, junto con la torta helada de chocolate y café exprés (página 253), y todo el mundo se deshizo en elogios, ¡incluso los que detestaban la calabaza! Nadie dejó en el plato ni una miga, y yo tenía una sonrisa de oreja a oreja. El relleno, que no precisa horno, es denso y exquisito gracias a la cremosa base de anacardos. Llena mucho, así que me gusta servir esta tarta en lonchas finas; te aseguro que con un poco basta. Acuérdate de servirla muy fría; sácala del congelador, y cinco o diez minutos de reposo sobre la encimera es lo único que hace falta antes de que tus invitados y tú le hinquéis el diente. Ten en cuenta que antes tendrá que haber pasado la noche entera en el congelador, así que acuérdate de prepararla la víspera. Y no te olvides de poner los anacardos a remojo la noche anterior, o al menos durante tres o cuatro horas, para tenerlos listos cuando vayas a cocinar.

1 tarta (23 cm); 8 a 14 raciones pequeñas

Tiempo de preparación: 25 minutos

Tiempo de congelación: 5 horas mínimo

Sin gluten, sin soja, sin azúcar refinado

1. Haz la base crujiente: precalienta el horno a 180 °C. Engrasa ligeramente con aceite de coco una fuente o molde para tarta de 23 cm. Si los dátiles están demasiado duros, ponlos a remojo de 30 a 60 minutos y escúrrelos antes de usar.

2. En el procesador de alimentos, mezcla los copos de avena, las pacanas, la canela y la sal y tritúralos hasta que la mezcla tenga una textura de arena gruesa. Añade los dátiles y el aceite y tritura de nuevo. La masa debe estar pegajosa al presionarla entre los dedos. Si está demasiado seca, añádele 1 cucharadita (5 ml) de agua y mézclala otra vez.

3. Reparte la masa uniformemente sobre el fondo del molde para tarta. Empezando por el centro, presiona la mezcla sobre el molde con firmeza y por igual, en dirección hacia los lados. Cuanto más presiones contra el fondo, más consistencia tendrá la base. Estira la masa hacia los lados del molde e iguala el borde con los dedos. Con un tenedor, hazle varios agujeritos en el fondo y hornéala, destapada, de 10 a 12 minutos, hasta que esté ligeramente dorada. Sácala del horno y déjala enfriar sobre una rejilla durante 30 minutos.

4. Haz el relleno: enjuaga y escurre los anacardos. En el vaso de una batidora de alta velocidad, mezcla los anacardos remojados, la calabaza, el sirope de arce, el aceite, la vainilla, la canela, la sal, el jengibre y la nuez moscada y bate a velocidad alta hasta lograr una mezcla fina y completamente homogénea. Puede que necesites batirla unos minutos, dependiendo de la batidora. Si vieras que a la batidora le falta líquido para formar la crema, añade 1 cucharada (15 ml) de leche de almendras (o un poco más) para ayudarla.

5. Vierte el relleno sobre la base casi fría y alisa la superficie. Cubre la fuente con papel de aluminio e introdúcela en el congelador, cuidando de que repose sobre una superficie plana, y déjala enfriar toda la noche, o al menos 5 o 6 horas, hasta que esté firme.

6. Saca la tarta del congelador y déjala reposar en la encimera unos 10 minutos antes de cortarla. Esta tarta debe servirse fría, y como mejor está es helada. Sírvela con Nata de coco montada, pacanas picadas en trocitos y nuez moscada recién rallada, si lo deseas.

Sugerencias: la tarta que sobre se conservará hasta 10 días. Envuelve individualmente los trozos que sobren con film de plástico o lámina de aluminio y guárdalos en un contenedor hermético en el congelador.

¿No te apetece hacer la base? Convierte este postre en un cremoso dulce helado preparando solo el relleno de calabaza. Viértelo en un molde cuadrado (de 20 cm) forrado con film de plástico transparente; cubre el relleno con ½ taza (125 ml) de pacanas tostadas y congélalo hasta que se solidifique (de 1½ a 2 horas). Córtalo en cuadrados y ¡saboréalo recién sacado del congelador!

Pastel cremoso de chocolate de doble capa

- 2 tazas (500 ml) de leche vegetal
- 2 cucharadas (60 ml) de vinagre de manzana o vinagre blanco
- 1 ½ taza (375 ml) de azúcar de caña (consulta las sugerencias de la página 263)
- 2/3 de taza (150 ml) de aceite de coco derretido o aceite de pepitas de uva
- 2 cucharadas (30 ml) de extracto puro de vainilla (¡sí, has leído bien)
- 1 taza (250 ml) de harina integral para repostería
- 2 tazas (500 ml) de harina de uso general
- 2/3 de taza (150 ml) de cacao en polvo, tamizado
- 2 cucharaditas (10 ml) de bicarbonato sódico
- 1 ¼ cucharadita (6 ml) de sal marina fina
- 1 receta de crema de mantequilla chocolateada o glaseado de chocolate y aguacate (página 301)
- Virutas de chocolate negro (opcional)

En nuestro repertorio de repostería, todos necesitamos contar con una receta de pastel de chocolate de doble capa para grandes ocasiones. Esta delicia chocolateada es el pastel que más suelo preparar para cumpleaños y otras celebraciones especiales. Es siempre un rotundo éxito entre niños y mayores ¡y un postre estupendo para mostrar a los escépticos que los postres veganos pueden saber incluso mejor que los tradicionales! De hecho, mi madre dice que este es el mejor pastel de chocolate que haya hecho en su vida, vegano y no vegano. (¿no son una joya las madres?) Le pongo harina integral de trigo para hacerlo más nutritivo, y la harina de uso general que utilizo es de cultivo ecológico sin blanquear y el azúcar, natural de caña, en vez de productos blanqueados. Si no estás de humor para hacer un pastel de dos capas, lee las sugerencias de la página 263 para saber cómo convertir este pastel en pequeñas magdalenas o en un bizcocho rectangular. ¡No dirás que no estoy en todo!

14 raciones

Tiempo de preparación: 30 minutos | **Tiempo de cocción:** 30-35 minutos

Sin frutos secos, sin soja, sin azúcar refinado

1. Precalienta el horno a 180 °C. Engrasa ligeramente dos moldes para pastel de 23 o 25 cm de diámetro y cubre la base con un círculo de papel vegetal. Si vas a hacer magdalenas, forra con cápsulas de papel un molde para magdalenas.
2. En un bol mediano, bate juntos la leche y el vinagre. Deja reposar 1 o 2 minutos. El resultado de esta combinación es el suero vegano.
3. Añade el azúcar, el aceite y la vainilla al bol de la leche. Bate juntos con las varillas para mezclarlo bien.

4. En un bol grande, mezcla con ayuda de las varillas la harina de repostería, la harina de uso general, el cacao en polvo, el bicarbonato sódico y la sal hasta combinarlo todo.

5. Vierte la mezcla de leche sobre la mezcla de harina y bate con una batidora de mano hasta que quede una crema fina.

6. Reparte la masa a partes iguales entre los dos moldes y alisa la superficie.

7. Hornea los pasteles de 30 a 35 minutos, girando los moldes 180° a mitad de cocción. El pastel estará listo cuando esté esponjoso al tacto y cuando al pincharlo con un palillo en el centro, salga limpio. Pon los moldes sobre una rejilla y déjalos enfriar de 20 a 25 minutos. Desliza luego un cuchillo para mantequilla alrededor del pastel para despegar el borde. Con cuidado, da la vuelta a los dos pasteles sobre la rejilla. Déjalos enfriar de 30 a 45 minutos más.

8. Una vez que los pasteles estén fríos del todo, cubre con una hoja de papel vegetal un plato con pie para pasteles. Coloca una de las capas del pastel en el centro del papel vegetal. Con un cuchillo de sierra, córtale la parte superior hasta dejarlo plano y nivelado, si lo deseas. Extiende sobre él una capa de glaseado, usando dos tercios de taza (150 ml) del total. Coloca encima la segunda capa de pastel y presiónala con suavidad para que se adhiera.

9. Continúa glaseando el resto del pastel, empezando por la parte superior y descendiendo hacia los lados. Adorna el pastel glaseado con virutas de chocolate, si lo deseas. Retira el papel vegetal de debajo del pastel. El pastel que sobre se conservará 3 o 4 días envuelto en film de plástico transparente o aluminio doméstico a temperatura ambiente.

Sugerencias: si no quieres hacer un pastel de chocolate de dos capas, no te preocupes, que la receta sirve también para hacer magdalenas o un bizcocho rectangular. La masa dará de sí para 24 magdalenas pequeñas. Hornéalas de 21 a 25 minutos, o hasta que, al pincharlas en el centro, el palillo salga limpio y las magdalenas estén esponjosas al tacto. Deja que se enfríen por completo antes de glasearlas. Para el bizcocho, vierte la masa en un molde rectangular para pastel de 23 x 33 cm y hornéala entre 31 y 35 minutos, o hasta que, al pincharlo, el palillo salga limpio y el pastel esté esponjoso al tacto. Déjalo enfriar del todo y luego glaséalo como se indica sobre estas líneas.

No te recomiendo que sustituyas el azúcar moreno por otro tipo de azúcar, de coco o azúcar natural de caña, por ejemplo, ya que estos azúcares tienden a secarse y hacen que se agriete la superficie del pastel. Para obtener resultados óptimos, usa siempre azúcar moreno en esta receta.

Por último, ten en cuenta que no se debe usar harina integral de trigo 100% como sustituto de la harina integral para repostería, pues esto hará que el pastel quede más denso y pesado.

Fruta fresca y frutos secos con nata de coco montada

- 1 taza (250 ml) de frutos secos mezclados, troceados
- 4 tazas (1 l) de distintas frutas frescas de temporada
- 1 receta de nata de coco montada (página 292)

A veces los postres más sencillos son los mejores. Este es un postre veraniego que se prepara en un momento y que mi marido y yo saboreamos encantados cada vez que nos juntamos con fruta fresca que tenemos que usar. Basta con que pongas en un bol trozos de fruta variada, los cubras de frutos secos tostados y añadas encima un poco de nata de coco montada. Más fácil no podría ser, y sin embargo su aspecto es lo bastante atractivo como para servirlo cuando se tienen invitados. Puedes coronarlo con unas virutas de chocolate negro, si eres amante del chocolate.

6 raciones

Tiempo de preparación: 20 minutos

Sin gluten, sin aceite, sin soja, sin azúcar refinado, sin cereal

1. Precalienta el horno a 150 °C. Esparce los frutos secos en una sola capa sobre una bandeja de hornear con borde y tuéstalos en el horno entre 8 y 12 minutos, hasta que estén ligeramente dorados y desprendan su delicioso aroma.

2. Pon en un bol pequeño o una copa de postre una generosa cantidad de fruta fresca. Añade una cucharada de nata de coco montada y espolvoréale los frutos secos tostados.

Macedonia invernal de cítricos

- 1 pomelo rojo
- 2 naranjas de mesa (navel)
- 2 naranjas sanguinas
- 2 cucharadas (30 ml) de azúcar moreno
- 2 cucharadas (30 ml) de hojas de menta fresca, más la necesaria para servir
- 2 cucharadas (30 ml) de almendras fileteadas tostadas, para servir (opcional)

Este es uno de mis placeres invernales favoritos: cítricos de temporada realzados con un aderezo de azúcar mentolado y almendras tostadas lleno de energía. Desgajar los cítricos es un poco tedioso, pero el esfuerzo bien vale la pena cuando el resultado es este postre invernal tan delicioso, ligero y energizante. Cuando empiecen a pesarte los lóbregos días de invierno, haz esta macedonia para aportar una dosis de sol a tu vida.

2 raciones

Tiempo de preparación: 20 a 30 minutos

Sin gluten, opción sin frutos secos, sin aceite, crudo/sin hornear, sin soja, sin cereal, sin azúcar refinado

1. Desgaja el pomelo y las naranjas: corta la parte superior e inferior de los cítricos (de 1 a 2 cm) de modo que la pulpa quede al descubierto. Con un cuchillo de pelar y rebanar, pela la piel y la capa blanca fibrosa de la fruta. Ahora, con la ayuda del cuchillo, extrae los gajos de uno en uno separándolos de las membranas que los cubren. Colócalos en un plato y repite el proceso con el resto de los cítricos.
2. Pon en el vaso del procesador de alimentos la menta y el azúcar y procésalos hasta que las hojas de menta estén finamente picadas. El azúcar debería quedar de color verde. Espolvorea el azúcar mentolado sobre los gajos de fruta. Adorna con hojas de menta fresca y almendra fileteada tostada, si lo deseas.

Pastel cremoso de pudin de moca

- 1 cucharada (15 ml) de semillas de lino
- 1 ½ taza (375 ml) de harina de avena, sin gluten
- ¾ de taza (175 ml) más 1/3 de taza (75 ml) de azúcar de coco u otro azúcar granulado
- 1/3 de taza (75 ml) más 2 cucharadas (30 ml) de cacao en polvo
- 1/3 de taza (75 ml) de pepitas de chocolate o chocolate picado, que no contenga lácteos
- ¾ de cucharadita (4 ml) de sal marina fina
- 1 ½ cucharadita (7 ml) de levadura química en polvo
- ¾ de taza (175 ml) de leche de almendras
- 2 cdas. (30 ml) de aceite de coco
- 1 ½ cucharadita (7 ml) de extracto puro de vainilla
- 1 ¼ taza (300 ml) de café caliente (descafeinado, si lo prefieres) o agua hervida
- Helado vegano, para servir (opcional)
- Azúcar glas, para servir (opcional)
- Nueces tostadas, para servir (opcional)

Sugerencias: si quieres una versión sin frutos secos, sustituye la leche de almendras por una leche vegetal que no esté hecha de frutos secos (leche de coco, por ejemplo) y omite las nueces opcionales.

Si es una variante sin soja lo que deseas, usa chocolate sin lácteos que no contenga soja, por ejemplo de la marca Enjoy Life.

El pastel de pudin crea, como por arte de magia, su propia salsa densa de chocolate en el fondo de la fuente mientras se cuece en el horno. Es como comer pudin de chocolate caliente con trozos de pastel de chocolate mezclados. Mi hermana Kristi dice que este pastel es una «¡explosión de chocolate derritiéndose en la boca!». Si nunca has hecho un pastel de pudin, quizá te entren las dudas al sacarlo del horno, porque no tendrá el aspecto de haberse cocido lo suficiente. La verdad es que un pastel de pudin debe tener aspecto de estar poco hecho cuando sale del horno: por los lados, burbujeará la salsa de chocolate y por encima el pastel estará firme en algunas zonas y blando y viscoso en otras. Es completamente normal y no es motivo de alarma. A esta receta le va de maravilla un poco de café (normal o descafeinado), pero si vas a dárselo a los niños, o no quieres que tenga un sutil sabor a café, puedes sustituirlo por agua hervida. A mí me gusta usar café recién hecho en cafetera de émbolo, pero 1 cucharadita (5 ml) de café instantáneo mezclado con agua hirviendo hará el mismo efecto. Este pastel está delicioso acompañado de una bola de helado vegano y espolvoreadas con nueces tostadas, que le añaden un toque crujiente.

9 raciones

Tiempo de preparación: 15 minutos | **Tiempo de cocción:** 28-34 minutos

Sin gluten, sin azúcar refinado, opción sin cereal, opción sin soja

1. Precalienta el horno a 190 °C. Engrasa ligeramente una fuente de vidrio cuadrada de 20 cm (o sea, 2 l) apta para horno.
2. En un bol pequeño, bate con las varillas las semillas de lino y 3 cucharadas (45 ml) de agua. Reserva.

3. En un bol grande, mezcla la harina de avena, ¾ de taza (175 ml) del azúcar, un tercio de taza (75 ml) del cacao en polvo, las pepitas de chocolate, la sal y la levadura polvo.

4. En un bol pequeño, bate juntos con las varillas la mezcla de semillas de lino, la leche de almendras, el aceite y la vainilla.

5. Vierte la mezcla de leche sobre la mezcla de harina y remueve hasta combinarlas bien.

6. Vierte la masa en la fuente de horno que tienes preparada e iguala y alisa la superficie con una cuchara.

7. En un bol pequeño o taza, mezcla el restante un tercio de taza (75 ml) de azúcar y las 2 cucharadas (30 ml) de cacao en polvo restantes. Espolvorea uniformemente la mezcla sobre la masa que está ya en la fuente para horno.

8. Vierte lentamente la taza de café sobre la mezcla de cacao en polvo, asegurándote de que cubre la mezcla por entero. El pastel tendrá ahora un aspecto desastroso, pero es normal. Confía en mí.

9. Hornea entre 27 y 33 minutos, destapado, hasta que la parte superior esté semifirme, pero burbujeante y viscosa por los bordes.

10. Deja enfriar el pastel de 5 a 10 minutos antes de hincarle el diente (¡si eres capaz de esperar, claro!). Si lo deseas, sírvelo acompañado de helado vegano, con azúcar glas espolvoreado y adornado con nueces tostadas.

Densos y jugosos bizcochos sin gluten tipo brownie de chocolate y almendra

- 4 cucharaditas (20 ml) de semillas de lino
- 1 taza (250 ml) de almendras crudas enteras
- ¾ de taza más 2 cucharadas (200 ml) de harina de arroz integral
- 2 cucharadas (30 ml) de arrurruz
- ½ taza (125 ml) de cacao en polvo, tamizado
- ½ cucharadita (2 ml) de sal kosher
- ¼ de cucharadita (1 ml) de bicarbonato sódico
- ½ taza (125 ml) más ¼ de taza (60 ml) de pepitas de chocolate sin lácteos
- ¼ de taza más 2 cucharadas (90 ml) de mantequilla vegana o aceite de coco
- 1 taza (250 ml) de azúcar moreno
- ¼ de taza (60 ml) de leche de almendras
- 1 cucharadita (5 ml) de extracto puro de vainilla
- ½ taza (125 ml) de nueces picadas finas (opcional)

Sugerencias: si no quieres unos bizcochos tipo brownie sin gluten, puedes sustituir la harina de arroz y el arrurruz por ¾ de taza (175 ml) de harina de uso general sin blanquear. Echa 1 taza (250 ml) de almendras, como se dice en la receta.

Para una opción que no contenga soja, usa chocolate sin soja, por ejemplo el de la marca Enjoy Life.

Hice muchas pruebas para conseguir estos densos y jugosos bizcochos veganos sin gluten. ¡No fue tarea fácil! El resultado de muchas tentativas era demasiado esponjoso y de tipo pastel, dos características que no buscaba en esta ocasión. Al final, de repente un día tuve un éxito rotundo con esta fabulosa receta. Estos bizcochos son consistentes y jugosos, justo como ha de ser un brownie, y te aseguro que nunca adivinarías que son veganos y no contienen gluten

16 brownies pequeños

Tiempo de preparación: 30 minutos · **Tiempo de cocción:** 30-36 minutos

Sin gluten, opción sin soja, sin azúcar refinado

1. Precalienta el horno a 180 °C. Engrasa ligeramente un molde cuadrado para pastel de 23 cm (2,5 l) y fórralo con dos hojas de papel vegetal, cada una en una dirección.

2. En un bol pequeño, bate con las varillas las semillas de lino y 3 cucharadas (45 ml) de agua y reserva.

3. En una batidora o robot de cocina, tritura las almendras (peladas o sin pelar) hasta formar una harina (más o menos fina). Tamízala y retira cualquier trozo grande que haya quedado. En un bol grande, bate con las varillas la almendra molida, la harina de arroz integral, el arrurruz, el cacao en polvo, la sal y el bicarbonato sódico.

4. En un cazo mediano, funde ½ taza (125 ml) de las pepitas de chocolate junto con la mantequilla vegana a fuego bajo. Cuando se hayan derretido dos terceras partes de las pepitas, aparta el cazo del fuego y remueve hasta que quede una crema fina. Incorpora la mezcla de semillas de lino, el azúcar, la leche de almendras y la vainilla y revuelve hasta combinarlos.

5. Vierte la mezcla de chocolate sobre la mezcla de almendra molida y remueve bien hasta que no quede nada de harina en el fondo del bol. Incorpora las nueces, si lo deseas, y el ¼ de taza (60 ml) de pepitas de chocolate restante.

6. Transfiere la masa al molde que has preparado y coloca encima una hoja de papel vegetal. Haz presión sobre ella con las manos para extender bien la masa. Usa un rodillo de repostería para igualarla, si lo deseas.

7. Hornea entre 28 y 34 minutos. Una vez fuera del horno, deja enfriar en el molde entre 1 hora y 1½. No lo saques hasta que esté totalmente frío, o se desmoronará. Ya frío, córtalo en cuadrados, y saboréalos acompañados de un vaso de leche cremosa de almendras con vainilla (página 287). Los brownies se conservarán jugosos en un contenedor hermético hasta un máximo de 3 días.

Yolos helados

PARA EL CARAMELO:

- 200 g (1 taza/250 ml) de dátiles Medjool blandos sin hueso
- 1 ½ cucharadita (7 ml) de crema de cacahuete o de otro fruto seco o semilla
- Una pizca de sal marina fina

PARA LA CUBIERTA DE CHOCOLATE:

- ¼ de taza más 3 cucharadas (100 ml) de pepitas de chocolate negro
- ½ cucharadita (2 ml) de aceite de coco
- Sal marina en escamas o semillas de chía (opcional)

Sugerencias: si los dátiles están tiesos o secos, remójalos en agua de 30 a 60 minutos para que se ablanden antes de usarlos. Escúrrelos bien y sécalos un poco antes de triturarlos. Si te sobra chocolate fundido, viértelo en un plato cubierto con papel vegetal y congélalo. El chocolate se endurecerá de nuevo, y así no hay necesidad de desperdiciar nada. Pártelo luego en trozos y guárdalo para otra ocasión. ¡«Quien no malgasta no pasa necesidades», como dice mi madre!

Si prefieres una opción sin frutos secos, usa crema de semillas de girasol en vez de crema de frutos secos.

Si quieres una opción sin soja, usa chocolate sin lácteos que no contenga soja (de la marca Enjoy Life, por ejemplo).

Esta receta está inspirada en uno de los dulces que más me gustaba comprar cuando era niña. ¡A ver si adivinas! El mantecoso caramelo hecho de dátiles Medjool te recordará tanto al del dulce original que casi no podrás creerlo. ¡La gente me suele decir que estos yolos helados son mejores que los originales! Tengo que darles la razón. ¡Eh, solo se vive una vez![1]

20 yolos

Tiempo de preparación: 25 minutos | **Tiempo de enfriado:** 40 minutos

Sin gluten, crudos/ sin cocción, opción sin soja, sin cereal, opción sin frutos secos

1. Haz el caramelo: tritura los dátiles sin hueso en el procesador de alimentos hasta que se forme una pasta pegajosa. Añade la crema de cacahuete y la sal y sigue procesando hasta que estén bien mezclados. Será una mezcla muy pegajosa, pero eso es lo que queremos.

2. Pon la masa pegajosa en un bol y congélala, destapada, durante unos 10 minutos (el frío hace que la masa acaramelada sea más fácil de trabajar). Cubre un plato con papel vegetal. Humedécete un poco los dedos y vete formando bolitas de caramelo frío, 20 en total. Coloca las bolitas sobre el papel vegetal una vez que les des forma. Introduce luego en el congelador las bolitas ya terminadas para que se endurezcan un poco.

3. Haz la cubierta de chocolate: en un cazo pequeño, derrite las pepitas de chocolate y el aceite a fuego muy bajo. Cuando dos terceras partes de las pepitas se hayan fundido, retira el cazo del fuego y remueve hasta que el chocolate esté fino.

---

1. N. de la T.: En inglés, yolo es el acrónimo formado con las siglas de *you only live once*: solo se vive una vez.

4. Saca las bolitas de caramelo del congelador y sumérgelas de una en una en el chocolate fundido. Hazlas rodar con un tenedor para que queden totalmente recubiertas. Al sacarlas de la cobertura, sacúdelas un poco para que caiga el chocolate que esté de más, y coloca las bolitas de nuevo en el plato forrado con papel vegetal. Si quieres, puedes clavarles encima un palillo y espolvorearles una cantidad muy pequeña de escamas de sal marina o semillas de chía.

5. Congela las bolitas durante al menos 20 minutos, o hasta que el chocolate se haya solidificado. Como más ricos están los yolos es recién sacados del congelador, y se ablandarán a temperatura ambiente.

Galletas crujientes de crema de almendras con pepitas de chocolate

- 1 cucharada (15 ml) de semillas de lino
- ¼ de taza (60 ml) de mantequilla vegana o aceite de coco
- ¼ de taza (60 ml) de crema de almendras tostadas o crema de cacahuete
- ½ taza (125 ml) de azúcar natural de caña o azúcar moreno
- ¼ de taza (60 ml) de azúcar de coco o azúcar natural de caña
- 1 cucharadita (5 ml) de extracto puro de vainilla
- ½ cucharadita (2 ml) de bicarbonato sódico
- ½ cucharadita (2 ml) de levadura química en polvo
- ½ cucharadita (2 ml) de sal marina fina
- 1 taza (250 ml) de copos de avena, convertidos en harina
- 1 taza (250 ml) de almendras con piel, molidas
- ¼ de taza (60 ml) de pepitas de chocolate negro muy pequeñas o chocolate negro finamente picado

Estas galletas con pepitas de chocolate, crujientes por los bordes, jugosas, ligeramente abizcochadas y con un agradable sabor a frutos secos, están hechas de almendras y copos de avena, es decir, son galletas naturalmente sin gluten. Pruébalas y verás por qué son una de las recetas favoritas de los seguidores de mi blog.

16 a 20 galletas

Tiempo de preparación: 20 minutos | **Tiempo de cocción:** 12-14 minutos

Sin gluten, sin azúcar refinado, opción sin soja, opción sin cereal, opción sin frutos secos

1. Precalienta el horno a 180 °C. Cubre con papel vegetal una bandeja con borde para horno.
2. En un bol pequeño, mezcla las semillas de lino con 3 cucharadas (45 ml) de agua y déjalo reposar 5 minutos para que espesen.
3. Con una batidora de mano, o en el bol de un robot de cocina, previamente colocado el accesorio de amasar, mezcla la mantequilla vegana y la crema de almendras hasta combinarlas. Añade ambos tipos de azúcar y bate 1 minuto más. Incorpora la mezcla de semillas de lino y la vainilla y bate hasta combinar.
4. Añade de uno en uno, batiendo de inmediato para incorporarlo, el bicarbonato sódico, la levadura química en polvo, la sal, la harina de avena y la almendra molida. La masa resultante debería ser levemente pegajosa. Si está demasiado seca, puedes añadirle un chorrito de leche de almendras para aligerarla un poco. Incorpora las pepitas de chocolate.
5. Divide la masa en bolas de 2,5 cm. Si las pepitas de chocolate no se quedan pegadas a la masa, presiónalas con los dedos. Coloca las bolas sobre la bandeja de horno que

has preparado a medida que las vas haciendo, dejando entre 5 y 8 cm de separación entre una y otra. No hace falta aplanar las bolitas, ya que lo harán por sí solas durante el horneado.

6. Hornea de 12 a 14 minutos, hasta que por debajo tengan un color dorado oscuro. Estarán muy tiernas al sacarlas del horno, pero se endurecerán a medida que se vayan enfriando. Déjalas enfriar 5 minutos sobre la bandeja de horno y luego pásalas a una rejilla para que sigan enfriándose 10 minutos más. A mí me gusta guardarlas en el congelador para que se conserven perfectamente crujientes.

Sugerencias: si es demasiado tentador tener una tanda entera de galletas rondando por la casa, simplemente congela parte de las bolas de masa para hornearlas en otro momento. Cuando tengas antojo de galletas, basta con que dejes descongelar la masa entre 30 y 60 minutos sobre la encimera y luego la hornees del modo habitual.

Si quieres una opción sin gluten, omite los copos de avena y usa 2 tazas (500 ml) de almendras enteras (molidas). Hornea a 160 °C de 13 a 15 minutos.

Para una versión sin soja, usa mantequilla vegana sin soja o aceite de coco y pepitas de chocolate que no contengan soja (como las de la marca Enjoy Life).

Para una opción sin frutos secos, sustituye la crema de frutos secos por crema de semillas de girasol y las almendras por ½ taza más 1 cucharada (265 ml) de copos de avena; es decir, usarás 1 taza, más ½ taza, más 1 cucharada (390 ml) de copos de avena en total. Muélelos hasta convertirlos en harina.

Pizza de postre helada para combatir el calor

PARA LA BASE:

- 2 tazas (500 ml) de copos de arroz crujientes
- 2 cucharadas, más 1 ½ cucharadita, (37 ml) de melaza de arroz integral o néctar de coco
- 2 cucharadas (30 ml) de aceite de coco, derretido
- 4 cucharaditas (20 ml) de cacao en polvo
- 1 receta de helado suave de plátano (página 302)

PARA LA CUBIERTA:

- 1/3 de taza (75 ml) de pepitas de chocolate negro
- 2 cdtas. (10 ml) de aceite de coco
- 1 cda. (15 ml) de crema de almendras tostadas o crema de cacahuete
- 1 cucharada (15 ml) de aceite de coco, ablandado
- 1 cucharadita (5 ml) de sirope puro de arce
- 4 cucharaditas (20 ml) de almendras fileteadas tostadas
- 2 cucharaditas (10 ml) de granos de cacao crudo troceados o chocolate en trocitos
- 1 cucharada (15 ml) de coco rallado

Sugerencias: en vez de helado suave de plátano, puedes usar 2 tazas (500 ml) de tu helado vegano favorito.

Da rienda suelta a la creatividad y cubre la pizza con lo que te apetezca. ¡Que nada te detenga!

Para una opción sin soja, usa chocolate que no contenga soja (como el de la marca Enjoy Life).

De niñas, mi hermana y yo siempre pedíamos para postre el día de nuestro cumpleaños una pizza helada muy popular y que nos encantaba. Esta es mi versión vegana, y más sana, de aquella pizza. ¡No echo de menos ni lo más mínimo la versión comprada! Acuérdate, eso sí, de congelar los plátanos la víspera para tenerlos listos cuando vayas a preparar la pizza.

10 a 12 porciones

Tiempo de preparación: 25 minutos | **Tiempo de cocción:** 15-20 minutos

Sin gluten, opción sin soja, cruda/sin hornear

1. Cubre un molde para pizza con papel vegetal.
2. Haz la base: en un bol grande, mezcla los copos de arroz, la melaza de arroz integral, el aceite y el cacao en polvo hasta que los copos de cereal estén recubiertos. Extiende la mezcla sobre el molde para pizza que has preparado, formando un círculo de 25 cm de diámetro. Cúbrelo con una hoja de papel vegetal y haz presión sobre él con las manos para compactar la mezcla y darle forma. Introduce la bandeja en el congelador y deja enfriar la base entre 5 y 10 minutos, hasta que esté firme.
3. Extiende con cuidado el helado suave de plátano sobre la base fría, dejando aproximadamente 2,5 cm sin cubrir alrededor del borde. Vuelve a introducir la bandeja en el congelador y deja enfriar la base de 5 a 10 minutos más.
4. Para la cubierta: en un cazo pequeño, derrite las pepitas de chocolate y 2 cucharaditas (10 ml) del aceite a fuego muy bajo. Cuando se hayan derretido dos terceras partes de las pepitas, aparta el cazo del fuego y remueve hasta que el chocolate quede muy fino.
5. En un bol pequeño, bate la crema de almendras, la cucharada de aceite restante y el sirope de arce. Introduce

la mezcla en una bolsita de plástico para congelados y córtale una esquina a fin de poder usarla como manga pastelera para adornar la pizza.

6. Rocía la pizza con una tercera parte del chocolate fundido y, a continuación, con una tercera parte de la mezcla de crema de almendras que tienes en la «manga pastelera». Espolvorea en la pizza de inmediato la mitad de las almendras fileteadas, los trocitos de cacao y el coco rallado. Repite este último paso hasta agotar los ingredientes de la cubierta.

7. Vuelve a introducir la pizza en el congelador y déjala enfriar entre 5 y 10 minutos más; luego, trocéala y sirve enseguida. Helada es como más rica está, recién sacada del congelador, y se derretirá bastante rápido.

Preparados básicos caseros

En este capítulo he incluido recetas rápidas y fáciles de algunos preparados básicos, que yo intento hacer en casa todo lo posible. De verdad, creo que lo casero siempre sabe mejor, además de ser una ayuda para el bolsillo. Esto no quiere decir que de tarde en tarde no recurra a productos ya preparados, porque lo cierto es que lo hago; pero me encanta arremangarme y hacer yo misma todas estas cosas siempre que puedo. Encontrarás en este capítulo recetas de leche de almendras, costrones sin gluten, caldo vegetal, cremas de frutos secos, mayonesa, pan rallado, salsa para enchiladas, salsa de asado, aliño para ensalada y muchos preparados más. También encontrarás instrucciones muy sencillas para hacer harinas integrales y de frutos secos con la batidora, así como métodos para asar ajos y para prensar tofu. En el ajetreado mundo de hoy, volver a lo rudimentario puede parecer una tarea colosal, pero sin duda produce cierta satisfacción elaborar las cosas partiendo de la materia prima. ¡Espero que lo que viene a continuación te anime a probar a hacer también tú algunas de estas recetas!

Leche cremosa de almendras con vainilla

- 1 taza (250 ml) de almendras crudas
- 4 tazas (1 l) de agua filtrada (o prueba el agua de coco, como variante)
- 2 o 3 dátiles Medjool blandos, sin hueso, o edulcorante natural líquido al gusto
- 1 vaina de vainilla, picada en trozos, o entre ½ y 1 cucharadita (2 a 5 ml) de extracto puro de vainilla, al gusto
- ¼ de cucharadita (1 ml) de canela molida
- Una pizca de sal marina fina

Sugerencias: si los dátiles o la vainilla están secos o tiesos, remójalos en agua antes de usarlos.

Reserva la pulpa que quede en la bolsa para hacer la sencilla granola de pulpa de almendra (página 288).

Durante mucho tiempo, pensé que hacer leche de almendras en casa sería un proceso laborioso y complicado. Luego, un día descubrí lo fácil que es de preparar y lo deliciosa que sale. Aparte de poner las almendras a remojo la víspera, solo tendrás que batirlas con agua y filtrar luego la mezcla usando una bolsa para hacer leches vegetales. ¡Es facilísimo, y el sabor de la leche de almendras casera supera con mucho a la comprada! La bolsa de filtrado es el método que yo prefiero para escurrir la pulpa, pero quizá consigas buenos resultados también usando un colador fino y una gasa.

4 tazas (1 l)

Tiempo de preparación: 10 minutos

Sin gluten, sin aceite, crudo/sin hornear, sin soja, sin azúcar, sin cereal

1. Pon las almendras en un bol con agua que las rebase 4 o 5 cm. Déjalas a remojo toda la noche (de 8 a 12 horas) si es posible, pero, en caso de necesidad, bastará con 1 o 2 horas de remojo.

2. Enjuaga y escurre bien las almendras. Ponlas en la batidora con el agua, los dátiles, la vaina de vainilla, la canela y la sal y bate a velocidad alta durante 1 minuto.

3. Coloca una bolsa de filtrado para leches vegetales sobre un bol grande y, poco a poco, vierte la mezcla de almendras en ella. Aprieta con suavidad el fondo de la bolsa para extraer la leche. Puede tardar de 3 a 5 minutos en salir toda, así que ten paciencia.

4. Vierte con cuidado la leche en una jarra de cristal. La leche de almendras casera se conservará en el frigorífico 3 o 4 días. Cuando está en reposo, la parte más densa tiende a irse al fondo, así que acuérdate de removerla bien antes de usarla.

Sencilla granola de pulpa de almendra

- ½ a 1 taza (125 a 250 ml) de pulpa de almendra (los restos de haber hecho leche cremosa de almendras con vainilla, página 287)
- 1 taza (250 ml) de copos de avena, sin gluten
- ½ a 1 cucharadita (2 a 5 ml) de canela molida, al gusto
- 1 cucharadita (5 ml) de extracto puro de vainilla
- 3 o 4 cucharadas (45 a 60 ml) de sirope puro de arce u otro edulcorante natural de tu elección, al gusto
- Una pizca de sal marina fina

Esta receta es una forma rápida y fácil de aprovechar la pulpa que queda tras hacer leche de almendras (página 287). Basta con mezclar todos los ingredientes en un bol y colocarlo en una deshidratadora de alimentos durante la noche. Por la mañana, al levantarte te encontrarás con un bol de crujiente granola que podrás saborear con la leche de almendras casera. Pero eso sí, una advertencia: es necesario usar un deshidratador de alimentos; yo al menos no tuve mucho éxito cuando lo intenté usando el horno tradicional.

2 ¼ tazas

Tiempo de preparación: 5 minutos

Sin aceite, sin azúcar refinado, sin soja, sin gluten

1. Cubre una bandeja del deshidratador de alimentos con una lámina antiadherente para deshidratadores (de silicona preferiblemente, ya que los resultados no son tan buenos usando papel vegetal).
2. En un bol mediano, mezcla todos los ingredientes. Extiende la mezcla sobre la lámina en una capa fina.
3. Deshidrata la granola de 11 a 12 horas a 45 °C, o hasta que esté seca y crujiente. Sirve con leche de almendras casera (página 287), como adorno de un postre helado o espolvoréala sobre los copos de avena veganos como por arte de magia (página 51).

Harina de almendras enteras (con piel)

En una batidora o robot de cocina, bate o tritura a velocidad alta 1 taza (250 ml) de almendras con piel hasta que tengan una consistencia harinosa. Debería tener la textura de una harina gruesa, no de la harina fina común. Ten cuidado de no batir las almendras demasiado tiempo o empezarán a desprenderse sus aceites y las almendras molidas se aglutinarán en terrones. Si ocurriera, simplemente deshaz los terrones con los dedos. Antes de usarla, tamízala y retira cualquier trozo grande de almendra. Por lo general, de 1 taza (250 ml) de almendras enteras se obtiene alrededor de 1 y un tercio de taza (325 ml) de harina integral de almendras.

Harina de almendras peladas

En una batidora o robot de cocina, bate o tritura a velocidad alta 1 taza (250 ml) de almendras peladas hasta que se forme una harina. Ten cuidado de no batirlas demasiado tiempo o empezarán a desprenderse sus aceites y quizá se formen terrones de harina. Si ocurriera, simplemente deshaz los terrones con los dedos. Tamízala y retira cualquier trozo grande de almendra. Por lo general, de 1 taza (250 ml) de almendras enteras se obtiene alrededor de 1 taza (250 ml) de harina de almendras peladas.

Harina de avena

En una batidora o robot de cocina, bate a velocidad alta durante varios segundos la cantidad de copos de avena que desees hasta que tengan una consistencia fina y harinosa. Por lo general, de 1 taza (250 ml) de copos de avena se obtiene alrededor de 1 taza (250 ml) de harina de avena.

Harina de trigo sarraceno crudo

En una batidora, bate a velocidad alta la cantidad que desees de trigo sarraceno crudo en grano hasta obtener un polvo fino de consistencia harinosa. Generalmente, de 1 taza (250 ml) de trigo sarraceno en grano se obtienen alrededor de 1 taza y dos cucharadas (280 ml) de harina de trigo sarraceno.

Mayonesa de pepitas de uva

- 1 taza (250 ml) de aceite de pepitas de uva
- ½ taza (125 ml) de leche de soja sin edulcorantes ni aromatizantes (no puede sustituirse)
- 1 cucharadita (5 ml) de vinagre de sidra
- 1 cucharada (15 ml) de zumo de limón recién exprimido
- 1 cucharadita (5 ml) de melaza de arroz integral
- ¼ de cucharadita (1 ml) de mostaza seca
- ¾ de cucharadita (4 ml) de sal marina fina

Sugerencia: no te recomiendo que reemplaces por ninguna otra leche o bebida vegetal la leche de soja, ya que su contenido en proteínas ayuda a espesar la salsa. Probé a hacer la mayonesa con leche de almendras y salió una mezcla aguada, ¡un desastre!

Cuando veo que la lista de ingredientes de alguno de mis productos de supermercado favoritos es más bien corta, suelo probar a ver si soy capaz de hacerlo en casa. Y resulta que la mayonesa vegana, por ejemplo, es facilísima y rápida de elaborar. Leí en la etiqueta los ingredientes de mi mayonesa vegana preferida y empecé a experimentar con las cantidades. Al cabo de unos pocos intentos, creo que con esta versión he dado en el clavo. ¡Espero que a ti también te guste!

1 1/3 de taza (325 ml)

Tiempo de preparación: 5 minutos

Sin gluten, sin frutos secos, sin azúcar refinado, cruda/sin hornear, sin cereal

1. En una batidora de alta velocidad, mezcla todos los ingredientes, salvo el aceite, y bátelos a velocidad alta hasta que se forme una crema fina, parando la batidora cuando sea necesario para reincorporar a la mezcla, con la ayuda de la espátula, la crema que quede adherida a las paredes del vaso. Añade el aceite lentamente, en un chorrito fino, por el orificio de la tapa mientras se está batiendo; poco a poco, la mezcla irá espesando.

2. Pasa la mayonesa a un tarro hermético y guárdala en el frigorífico. Se conservará hasta 1 mes.

Pan rallado de cereal germinado

- 3 rebanadas de pan de cereal germinado (o pan de tu elección)

Este pan rallado de cereal germinado no solo es sano y fácil de preparar, sino que además dura un mes, o más, dentro de un envase hermético. A mí me gusta tener siempre cierta cantidad de reserva, para no tener que recurrir al pan rallado comprado. Es también una manera de aprovechar el pan seco; en vez de tirarlo a la basura, ¿por qué no transformarlo en pan rallado? Acuérdate de hacerlo de antemano, ya que necesita reposar toda la noche para secarse.

1 ¼ de taza (300 ml)

Tiempo de preparación: 5 minutos

Sin frutos secos, sin aceite, sin soja, sin azúcar

1. Pon el pan en el tostador y tuéstalo hasta que tenga un color dorado oscuro, pero sin quemarse (o lo tuesto un poco más que de costumbre, pero sin dejar que se chamusque).
2. Déjalo enfriar luego sobre una rejilla durante 15 minutos.
3. Pártelo en trozos y échalos en el vaso del procesador de alimentos. Tritura hasta que tenga una textura arenosa.
4. Cubre una bandeja para horno con papel vegetal. Extiende el pan rallado en una sola capa y déjalo que se seque, sin tapar, durante la noche (o al menos 8 horas).
5. Guarda el pan rallado en un contenedor hermético, donde se conservará entre 4 y 8 semanas.

Nata de coco montada

- 1 envase (395 g) de leche de coco entera
- 1 o 2 cucharadas (15 a 30 ml) de edulcorante natural, al gusto
- 1 vaina de vainilla, raspadas las semillas, o ½ cucharadita (2 ml) de extracto puro de vainilla

¡Sabías que se puede conseguir una exquisita y esponjosa nata montada con un bote de leche de coco entera? Además de fácil de preparar, probablemente sea la nata montada más deliciosa que he probado. Puedes usarla como usarías la tradicional nata láctea montada. A mí me gusta servirla como acompañamiento de postres (por ejemplo, la tarta de calabaza cruda y sirope de arce con base crujiente de avena, en la página 259) y está igualmente estupenda con una macedonia o un crocante de frutas, o mezclada con el helado suave de plátano (página 302). ¡Las posibilidades son en verdad infinitas!

¾ a 1 taza (175 a 250 ml)

Tiempo de preparación: 5 a 10 minutos

Sin gluten, sin frutos secos, sin aceite, sin azúcar refinado, sin soja, sin cereal, cruda/sin hornear

1. Deja enfriar el bote de leche de coco en el frigorífico toda la noche (o al menos de 9 a 10 horas).
2. Aproximadamente 1 hora antes de montarla, introduce un bol vacío en el congelador.
3. Pon el bote boca abajo y ábrelo con un abrelatas. Aparta el agua de coco (puedes reservarla para hacer batidos, si quieres).
4. Con una cuchara, echa la nata de coco solidificada al bol que has puesto a enfriar.
5. Con una batidora eléctrica manual (de varillas), bate la nata hasta que esté esponjosa y suave. Añade el edulcorante natural (sirope de arce, néctar de agave o incluso azúcar integral de caña) y las semillas de la vaina de vainilla y bate con suavidad hasta que se mezcle todo.
6. Tapa el bol y vuelve a introducir la nata montada en el frigorífico hasta que esté lista para usarse. Adquirirá firmeza

al enfriarse y se ablandará a temperatura ambiente. La nata de coco montada se conservará dentro de un recipiente hermético en el frigorífico de 1 a 2 semanas.

Sugerencias: para hacer nata montada de coco y limón: monta la nata de coco y añádele 1 cucharada (15 ml) de zumo de limón recién exprimido y 2 cucharadas (30 ml) del edulcorante natural que prefieras.

Para hacer una cremosa nata montada chocolateada: monta la nata de coco y añádele 3 o 4 cucharadas (45 a 60 ml) de cacao en polvo tamizado, 2 cucharadas (30 ml) del edulcorante natural que elijas, ¼ de cucharadita (1 ml) de extracto puro de vainilla y una pizca de sal marina fina.

Nata de anacardos

La nata de anacardos se puede utilizar en una diversidad de recetas como sustituto de la nata láctea tradicional o incluso de la nata agria.

Pon en un bol 1 taza (250 ml) de anacardos crudos y agua que los cubra y déjalos a remojo 8 horas o toda la noche (para acelerar el proceso, pon los anacardos en el bol, cúbrelos de agua hirviendo y déjalos a remojo 2 horas). Enjuágalos, escúrrelos bien y ponlos en el vaso de la batidora junto con ½ a 1 taza (125 a 250 ml) de agua. Cuanta menor sea la cantidad de agua, más denso será el resultado. Bate a velocidad alta hasta que la nata esté suave. Si vas a usarla para una receta salada, añádele una pizca de sal, si lo deseas.

Para hacer nata de anacardos, añade a los anacardos y el agua que has puesto en la batidora los siguientes ingredientes y bate a velocidad alta hasta que quede suave:

- 2 cucharaditas (10 ml) de zumo de limón recién exprimido
- 1 cucharadita (5 ml) de vinagre de sidra
- ½ cucharadita más una pizca (2,5 ml) de sal marina fina, o al gusto

Sencilla salsa de champiñones

- 1 ½ cucharadita (7 ml) de aceite de oliva virgen extra
- 1 cebolla amarilla o dulce, finamente picada
- 2 dientes grandes de ajo, picados
- Sal marina fina y pimienta negra recién molida
- 3 tazas (750 ml) de champiñones cremini en láminas
- 1 cucharadita (5 ml) de romero fresco picado
- 2 cucharadas, más 1 ½ cucharadita, (37 ml) de harina de uso general
- 1 ¼ taza (300 ml) de caldo vegetal
- 2 cucharadas (30 ml) de tamari bajo en sodio, o al gusto

Sugerencias: si lo que deseas es una versión sin gluten, utiliza harina de uso general sin gluten y tamari sin gluten. Para una versión sin soja, usa aminos de coco en vez de tamari.

Si en algún momento la salsa quedara demasiado espesa, añádele un poco más de caldo para diluirla un poco; si quedara demasiado líquida, espésala con un poco más de harina.

Se trata de una salsa muy sencilla, y sabrosa, que se prepara en un abrir y cerrar de ojos. Es un acompañamiento perfecto para las comidas festivas, y a nosotros nos encanta con el puré de patata y coliflor (página 221).

2 tazas (500 ml)

Tiempo de preparación: 5 minutos | **Tiempo de cocción:** 10 minutos

Opción sin gluten, sin frutos secos, sin azúcar, opción sin soja

1. En una sartén de hierro fundido, u otro tipo de sartén, calienta el aceite a fuego medio. Añade la cebolla y el ajo y sofríe de 3 a 4 minutos. Sazona con sal y pimienta.
2. Añade los champiñones en láminas y el romero y sube el fuego a posición media-alta. Saltéalo todo junto 8 o 9 minutos más, o hasta que la mayor parte del agua que suelten los champiñones se haya consumido.
3. Incorpora la harina y remueve hasta que todas las hortalizas estén recubiertas.
4. Añade el caldo y el tamari poco a poco y remueve rápidamente para deshacer cualquier grumo de harina. Deja hervir la mezcla a fuego suave durante 5 minutos, removiendo con frecuencia para que no se queme.
5. Cuando la salsa haya espesado a tu gusto, retira la sartén del fuego y sirve.

Sencilla vinagreta balsámica para todas las ocasiones

- ¼ de taza (60 ml) de vinagre de sidra
- 3 cucharadas (45 ml) de aceite de linaza o de oliva virgen extra
- 2 cucharadas (30 ml) de vinagre balsámico
- 2 cucharadas (30 ml) de puré de manzana sin endulzar
- 1 cucharada (15 ml) de sirope puro de arce
- 1 ½ cucharadita (7 ml) de mostaza de Dijon
- 1 diente de ajo, picado
- ¼ de cucharadita (1 ml) de sal marina fina, o al gusto
- Pimienta negra recién molida

Sugerencia: ajusta el aliño a tu gusto. Personalmente, me encanta que tenga un toque ácido, pero si prefieres que tenga menor acidez, basta con que reduzcas la cantidad de vinagre o aumentes la de edulcorante natural. ¡Descubre toda una diversidad de sabores jugando con las cantidades!

¡Difícilmente se puede preparar un aliño para ensalada más rápido que este! Se conserva bien en el frigorífico y es una estupenda alternativa al aliño para ensalada que venden en el supermercado. No hace falta más que echar todos los ingredientes en un tarro de cristal, ponerle la tapa y agitarlo. Como más me gusta esta vinagreta es acompañando a la pasta de calabacín. ¡No sería la primera vez que he convertido en espirales un calabacín entero, lo he cubierto de vinagreta balsámica y lo he devorado en cuestión de pocos minutos! También está riquísima con la ensalada de nueces, aguacate y pera (página 125).

¾ de taza (175 ml)

Tiempo de preparación: 5 minutos

Sin gluten, sin frutos secos, cruda/sin hornear, sin soja, sin azúcar refinado, sin cereal

1. En un bol pequeño, bate juntos con las varillas todos los ingredientes, o simplemente échalos en un tarro, ponle la tapa y agítalo. Este aliño se conservará al menos 2 semanas dentro de un envase hermético en el frigorífico.

Aliño de limón y tahini

- 1 diente grande de ajo
- ¼ de taza (60 ml) de tahini
- ¼ de taza (60 ml) de zumo de limón recién exprimido
- 3 cucharadas (45 ml) de levadura nutricional
- 1 o 2 cucharadas (15 a 30 ml) de aceite de sésamo o de oliva virgen extra, al gusto
- 1 o 2 cucharadas (15 a 30 ml) de agua
- ¼ de cucharadita (1 ml) de sal marina fina, o al gusto

Sugerencias: el aliño espesará una vez se enfríe. Si quedara demasiado espeso, dilúyelo con 1 o 2 cucharadas (15 a 30 ml) de agua o aceite.

Posiblemente sea uno de los aliños para ensalada que más me ha gustado toda la vida. Es cremoso y ligeramente ácido, y combina de maravilla con una gran variedad de platos, como por ejemplo los Bocaditos de faláfel al horno sin una gota de aceite (página 117).

2/3 de taza (150 ml)

Tiempo de preparación: 5 minutos

*Sin gluten, sin frutos secos,
crudo/sin hornear, sin soja, sin azúcar, sin cereal*

1. En un procesador de alimentos, tritura el ajo. Añade el tahini, el zumo de limón, la levadura nutricional, el aceite, el agua y la sal y mézclalo todo hasta obtener una salsa fina.

Mezcla de diez especias

- 2 cucharadas (30 ml) de pimentón ahumado
- 1 cucharada (15 ml) de ajo en polvo
- 1 cucharada (15 ml) de orégano seco
- 1 cucharada (15 ml) de cebolla en polvo
- 1 cucharada (15 ml) de albahaca seca
- 2 cucharaditas (10 ml) de tomillo seco
- 1 ½ cucharadita (7 ml) de pimienta negra recién molida
- 1 ½ cucharadita (7 ml) de sal marina fina
- 1 cucharadita (5 ml) de pimienta blanca
- 1 cucharadita (5 ml) de pimienta de Cayena

Se tarda cinco minutos escasos en hacer esta mezcla de especias tan versátil; la puedes usar para toda una diversidad de platos, desde sopas y guisos hasta patatas asadas, chips de col, tofu, legumbres, tostadas de aguacate y muchos platos más. Pruébala en la sopa vegetal de diez especias y nata de anacardos (página 157), para obtener una sopa con toda una sinfonía de sabores que sorprenderán muy gratamente a tus papilas gustativas.

½ taza (125 ml)

Tiempo de preparación: 5 minutos

Sin gluten, cruda/sin hornear, sin azúcar, sin aceite, sin soja, sin cereal

1. Echa todos los ingredientes en un tarro mediano. Aprieta la tapa y agítalo para que se mezclen bien. Vuelve a agitarlo siempre antes de cada uso.

Tofu prensado

Cuando empecé a experimentar con el tofu, no tenía ni idea de a qué se refería tanta charla sobre el «prensado». ¿Por qué hace falta prensar el tofu? ¡A mí me parece que está ya lo suficientemente firme! Pero no tardé en descubrir que hay mucha agua oculta en un bloque de tofu (sí, incluso en la variedad de tofu firme y extrafirme). Prensar el tofu ayuda a eliminar el agua innecesaria, y el resultado es un bloque de tofu más firme y denso.

Método de apilado... y derrumbe

Si no tienes una prensa para tofu, este es el método tradicional (¡y gratuito!) de prensarlo. Solo una advertencia: a las pilas de libros les gusta desplomarse al menor soplo de aire.

Enjuaga el tofu. Cubre una tabla de cortar con un par de papeles de cocina absorbentes. Envuelve el tofu con otras dos hojas de papel absorbente y luego con un paño de cocina grueso. Coloca el tofu sobre la tabla de cortar y cúbrelo con otra hoja de papel absorbente. Pon encima varios libros de cocina pesados. Deja que hagan presión sobre el tofu durante al menos 20 minutos para que salga toda el agua. Te recomiendo simplemente que estés un poco al tanto: ¡los libros suelen derrumbarse! Lo mejor es que asegures la pila de libros entre la pared y algún electrodoméstico grande.

Prensa para tofu

Después de usar durante un par de años el método del apilado, al final me hice con una prensa para tofu. ¡El cambio fue colosal! La prensa extrae mucha más agua del tofu (¡sin temor a que los libros vayan a acabar en el suelo!). Me encanta dejar que la prensa haga su trabajo en el frigorífico durante la noche para obtener un tofu extrafirme. El agua queda recogida en la parte inferior de la prensa, y siempre me quedo asombrada de la cantidad. Si consumes tofu con regularidad, es una gran inversión, que además no te ocupará mucho espacio. Mi marca preferida es Tofu Xpres.

Mermelada mágica de semillas de chía

- 3 tazas (750 ml) de frambuesas, moras, arándanos o fresas, frescos o congelados
- 3 o 4 cucharadas (45 a 60 ml) de sirope puro de arce u otro edulcorante natural, al gusto
- 2 cucharadas (30 ml) de semillas de chía
- 1 cucharadita (5 ml) de extracto puro de vainilla

Sugerencia: si vas a hacer la mermelada con fresas, tritúralas, sin el rabillo, hasta que quede una crema casi fina. Las fresas no se deshacen tan rápido como otros frutos rojos, y esto las ayuda. Después de procesarlas, basta con que las pases a una cazuela y sigas las instrucciones de la receta como si se tratara de otro fruto.

Si tienes 20 minutos, puedes hacer una mermelada sanísima que nada tendrá que envidiar a ninguna mermelada comprada. Lo único que has de hacer es cocer la fruta (arándanos, frambuesas, fresas, etcétera) con las semillas de chía y una pizca de edulcorante natural hasta que espese. No podrás creer lo espesa que queda (¡de ahí su nombre: mermelada mágica de semillas de chía!).

Gracias a esas semillas, inyectamos además a la mermelada todo tipo de ácidos grasos omega-3, hierro, fibra, proteínas, magnesio y calcio. ¿A que no imaginabas que la mermelada pudiera ser así de sana?

1 taza (250 ml)

Tiempo de preparación: 20 minutos | **Tiempo de enfriado:** 2 horas

Sin gluten, sin aceite, sin azúcar refinado, sin soja, sin frutos secos, sin cereal

1. En un cazo mediano, mezcla los frutos rojos con 3 cucharadas (45 ml) del sirope de arce y lleva a ebullición. Déjalo cocer a fuego entre medio y alto, removiendo con frecuencia. Baja el fuego a medio-bajo y deja cocer 5 minutos. Aplástalos un poco con un tenedor o prensapatatas, dejando parte de la fruta entera para dar textura a la mermelada.

2. Incorpora las semillas de chía y remueve hasta combinarlas bien, y cuécelo todo removiendo con frecuencia, hasta que la mezcla espese y tenga la consistencia deseada, o alrededor de 15 minutos.

3. Una vez que la mermelada ha espesado, retira la cazuela del fuego e incorpora la vainilla. Añade más edulcorante natural, al gusto, si lo deseas. Saboréala sobre una

tostada, bollos ingleses (muffins originales[1]), copos de avena, (por ejemplo, sobre los copos de avena veganos como por arte de magia, de la página 51), barritas energéticas de avena, galletas, el helado suave de plátano (página 302) y muchas recetas más. La mermelada debería conservarse entre 1 y 2 semanas guardada en el frigorífico en un tarro hermético, y espesará todavía más al enfriarse.

---

1. N. de la T.: Los muffins ingleses originales son más parecidos a un panecillo tipo bollo que a lo que actualmente conocemos como muffins, semejantes en forma a las magdalenas (aunque de tamaño un poco mayor) y hechos con los mismos ingredientes básicos que estas, solo que en proporciones distintas y, como resultado, con una consistencia más densa y pesada (la masa suele contener además otros ingredientes: frutos rojos, frutos secos, chocolate...).

Glaseado de chocolate (2 versiones)

PARA LA CREMA DE MANTEQUILLA CHOCOLATEADA
(2 tazas/500 ml):

- 2 y ½ tazas (625 ml) de azúcar glas, tamizado
- ¾ de taza (175 ml) de cacao en polvo, tamizado
- ½ taza (125 ml) de mantequilla vegana (de la marca Earth Balance, por ejemplo)
- Una pizca de sal marina fina
- 2 cucharaditas (10 ml) de extracto puro de vainilla
- 3½ a 4 cucharadas (45 a 60 ml) de leche vegetal, o la que sea necesaria

PARA EL GASEADO DE CHOCOLATE Y AGUACATE
(1 ½ taza (375 ml):

- 2 aguacates grandes, sin hueso
- 6 cucharadas (90 ml) de cacao en polvo sin endulzar, tamizado
- 5 o 6 cucharadas (75 a 90 ml) de sirope de agave, al gusto
- 2 cucharaditas (10 ml) de extracto puro de vainilla
- Una pizca de sal marina fina

Puedes elegir aquí entre dos deliciosas recetas de glaseado con intenso sabor a chocolate. La crema de mantequilla chocolateada tiene un sabor clásico y es un glaseado muy versátil, mientras que el glaseado de chocolate y aguacate es menos dulce, con un denso y cremoso fondo de chocolate negro.

Para la crema de mantequilla chocolateada:

1. Con una batidora de mano, bate todos los ingredientes juntos, salvo la leche, en un bol grande. Añade la leche poco a poco. Queremos obtener una consistencia densa; no tanto que no se pueda extender, pero tampoco demasiado líquida. Tal vez necesites usar más o menos leche que la indicada, pero a mí me va muy bien con 3 ½ cucharadas (45 ml).

Para el glaseado de chocolate y aguacate:

1. En el procesador de alimentos, tritura el aguacate hasta que quede casi hecho crema. Añade el resto de los ingredientes y procesa de nuevo hasta obtener una crema fina, parando cuando sea necesario para reincorporar con ayuda de la espátula la mezcla que quede adherida a las paredes.

2. Guárdala en el frigorífico hasta el momento de usarla. El glaseado se conservará dentro de un recipiente hermético en el frigorífico un máximo de 3 días.

Helado suave de plátano

- 4 plátanos maduros, pelados, troceados y congelados
- 2 cucharadas (30 ml) de crema de almendras tostadas o crema de cacahuete (opcional)

Sugerencia: te recomiendo que uses plátanos amarillos con solo unos pocos puntitos negros. Si están demasiado maduros y punteados, no son tan cremosos y el sabor a plátano que tienen es muy fuerte (¡a menos, claro está, que te gusten más así!).

La primera vez que oí hablar del helado suave de plátano fue a mi talentosa amiga Gena Hamshaw, que escribe el blog choosingraw.com. ¡Me cambió para siempre la idea que tenía del helado suave! Es una auténtica delicia, además de sano, que hago con regularidad; refrescante y estimulante en los cálidos días de verano. Deja volar la imaginación y añádele a este delicioso helado lo que más te apetezca. Cualquier fruto rojo congelado, las cremas de frutos secos, el cacao en grano o en polvo y la harina de algarroba son algunos aditamentos que le aportan un sabor estupendo. En verano, intento tener siempre plátanos congelados, expresamente para poder hacer esta receta en cualquier momento.

2 porciones

Tiempo de preparación: 5 minutos

Sin gluten, sin frutos secos, sin soja, sin azúcar, sin cereal, crudo/sin hornear, sin aceite

1. Tritura en el procesador de alimentos los plátanos helados y la crema de almendras (si lo deseas) hasta obtener una mezcla fina, deteniendo el procesador cuando sea necesario para reincorporar la mezcla que quede adherida a las paredes del vaso. El proceso puede requerir varios minutos, dependiendo del procesador de alimentos que utilices.

2. Cuando la mezcla esté fina y tenga la cremosa consistencia del helado suave, sírvela y saboréala de inmediato.

Cocción de legumbres secas

- I taza (250 ml) de legumbres secas
- I tira de 8 cm de alga kombu (opcional)
- Sal marina fina o Herbamare, para sazonar tras la cocción

Sugerencia: acuérdate de no añadir sal durante la cocción, o tal vez las legumbres no se cuezan por igual. Es mejor sazonarlas una vez cocidas.

Aunque el sabor de las legumbres frescas siempre es superior al de las envasadas, suelo tener en la despensa latas para emergencias. Las de la marca Eden Organic, por ejemplo, son fenomenales; no contienen bisfenol A y llevan un trozo de kombu, que hace que las legumbres resulten más digestivas. Algunos supermercados tienen en la actualidad legumbres congeladas ya preparadas, que son también muy prácticas. Dicho esto, la verdad es que yo intento cocinar las legumbres desde cero siempre que puedo; ¡es un gran ahorro! Durante el fin de semana, ponlas a remojo toda la noche y cocínalas para consumirlas la semana siguiente. Además, si sobran, me gusta congelarlas en porciones para cualquier momento.

Cantidad variable

Tiempo de preparación: 10 minutos

1. Lava las legumbres puestas en un colador.
2. En una cazuela muy grande, pon las legumbres y cúbrelas de agua (que las rebase de 8 a 10 cm). Déjalas a remojo toda la noche, o al menos entre 8 y 12 horas.
3. Escurre y enjuaga bien las legumbres. Vuelve a echarlas en la cazuela y cúbrelas de agua limpia hasta unos 5 cm por encima de su nivel. Añade el alga kombu (si vas a usarla) y remueve.
4. Lleva el agua a ebullición. Retira la espuma que se vaya formando. Baja a fuego medio y deja hervir las legumbres, destapadas, de 30 a 90 minutos, hasta que estén tiernas y se deshagan con facilidad.
5. Escúrrelas y sazónalas al gusto.
6. Después basta con enjuagarlas y dejar que se enfríen. Luego, guarda en el frigorífico o en el congelador las que no vayas a usar, en contenedores herméticos, tarros o bolsas para congelación, si lo deseas.

Ajo asado

- El número de cabezas de ajos que desees
- Aceite de oliva virgen extra, para rociar (opcional)

Asar los ajos les quita el característico gusto fuerte y picante y les deja un suave y dulce sabor caramelizado que es ideal para el pan de ajo o mezclado con las salsas para pasta, sopas y otras recetas. Hay quien además lo encuentra más fácil de digerir. Cuando hayas probado el ajo asado, ¡ la idea que tienes de los ajos te cambiará para siempre!

Cantidad variable

Tiempo de preparación: 5-10 minutos | **Tiempo de cocción:** 35-50 minutos

1. Precalienta el horno a 200 °C. Quítales a las cabezas de ajos las capas exteriores que las envuelven pero dejando intacta la fina piel que cubre los dientes de ajo.

2. Córtale a cada cabeza los 5 mm o 1 cm de la parte superior, dejando los dientes de ajo al descubierto. Si el cuchillo se ha saltado uno o dos dientes, usa un cuchillo de pelar patatas para quitarles la punta.

3. Coloca cada cabeza de ajos en una lámina individual de aluminio y rocíale 1 cucharadita (5 ml) de aceite de oliva, si lo deseas, cuidando de cubrir la parte expuesta de cada diente.

4. Envuelve cada cabeza de ajos en el aluminio y colócala sobre una bandeja para horno o un molde para magdalenas.

5. Ásalas de 35 a 50 minutos, hasta que los dientes de ajo estén dorados y blandos.

6. Déjalas enfriar un poco y luego desenvuélvelas con cuidado y deja que sigan enfriándose. Cuando estén lo bastante frías como para poder manipularlas, coloca un bol debajo y aprieta con suavidad el extremo de cada diente de ajo para extraerlo de la piel que lo cubre. El peculiar gusto picante del ajo crudo ha desaparecido, y ha quedado una pasta de ajo suave y mantecosa.

Crema de calabaza para untar

- 4 a 4½ tazas (1.125 ml) de puré de calabaza casero o envasado
- ¼ de taza (60 ml) de vinagre de sidra o zumo de manzana, más el que sea necesario
- 1 taza (250 ml) de azúcar natural de caña u otro edulcorante natural granulado de tu elección
- 3 o 4 cucharadas (45 a 60 ml) de sirope puro de arce, al gusto
- 1 cucharada (15 ml) de canela molida
- ½ cucharadita (2 ml) de nuez moscada recién rallada
- 1 cucharadita (5 ml) de extracto puro de vainilla
- 1 cucharadita (5 ml) de zumo de limón recién exprimido
- Una pizca de sal marina fina

Para mí, la crema de calabaza representa el otoño, y la hago al menos una o dos veces al año. Cuando las hojas de flamante color naranja, rojo y amarillo empiezan a alfombrar los bosques y los campos, sé que ha llegado la hora de sacar esta receta. Esta crema suave, mantecosa, aterciopelada y de dulzor natural está deliciosa sobre una tostada, como acompañamiento de unos copos de avena o un postre helado, o simplemente comida a cucharadas.

3 ½ taza (875 ml) aprox.

Tiempo de preparación: 10-30 minutos | **Tiempo de cocción:** 20-30 minutos

Sin gluten, sin aceite, sin azúcar refinado, sin frutos secos, sin soja, sin cereal

1. En una cazuela mediana, mezcla la calabaza, el vinagre de sidra, el azúcar, el sirope de arce, la canela y la nuez moscada y remueve hasta combinarlo todo. Ponle la tapa, pero apoyada por un lado en una cuchara de madera para que quede entreabierta.
2. Lleva la mezcla a ebullición y déjala hervir con suavidad a fuego entre medio y alto. Baja el fuego a posición media-baja y deja ahora que la calabaza se cueza, tapada, de 20 a 30 minutos, o hasta que espese. Retira la cazuela del fuego y déjala enfriar unos minutos. Incorpora la vainilla.
3. Espera a que la crema de calabaza se haya enfriado del todo y luego incorpora el zumo de limón y la sal. Se conservará en un contenedor hermético en el frigorífico entre 15 días y 1 mes.

Sugerencias: la crema de calabaza no es adecuada para hacer conservas, pero quizá te alegre saber que se congela de maravilla y aguantará, congelada, de 1 a 2 meses. Descongélala luego a temperatura ambiente o en el frigorífico y remuévela antes de usarla.

Dos calabazas (de 1 kg escaso cada una) deberían hacer una cantidad de puré suficiente para esta receta. Para prepararlas, precalienta el horno a 180 °C y forra con papel vegetal una fuente muy grande de horno. Corta cada calabaza por la mitad en sentido longitudinal y quítale las semillas. Pincela con aceite la superficie cortada de las calabazas y colócalas boca abajo sobre la bandeja de horno.

Ásalas de 40 a 55 minutos, hasta que estén tiernas al pincharlas con el tenedor.

El tiempo exacto variará, dependiendo del tamaño de las calabazas. Déjalas enfriar. Una vez frías, pon la pulpa en el procesador de alimentos o la batidora y bátela hasta obtener un puré fino.

Crema de pacanas tostadas y calabaza

- 2 tazas (500 ml) de pacanas crudas, tostadas
- ¾ de taza (175 ml) de crema de calabaza comprada o casera (consulta la página 305)
- 2 cucharadas (30 ml) de sirope puro de arce, o al gusto
- 1 cucharadita (5 ml) de canela molida
- 1/3 a ¼ de cucharadita (0,5 a 1 ml) de nuez moscada recién rallada, o al gusto
- ¼ de cucharadita (1 ml) de sal marina fina
- 1 vaina de vainilla, raspada (opcional)

¡Esta es sin duda mi crema de untar predilecta desde que era pequeña! Y en mi caso eso dice mucho, porque en mis tiempos hice una tonelada de cremas caseras de frutos secos. Por suerte, la crema casera de pacanas está lista en un momento. Por su alto contenido en aceite y su consistencia blanda, las pacanas se convierten en crema en unos cinco minutos. Una vez hecha, no tienes más que incorporar un poco de crema de calabaza (página 305) y las especias para obtener una crema para untar como seguro que jamás has probado. Además, la crema de pacanas tostadas y calabaza es un estupendo regalo navideño... ¡si eres capaz de decirle adiós!

1 ¼ taza (300 ml)

Tiempo de preparación: 10 minutos

Sin gluten, sin aceite, sin soja, sin azúcar refinado, sin cereal

1. Precalienta el horno a 150 °C. Extiende las pacanas en una sola capa sobre una bandeja de hornear con borde y tuéstalas en el horno entre 10 y 12 minutos, hasta que estén doradas y desprendan un agradable aroma.
2. Tritúralas en el procesador de alimentos hasta que se forme una crema mantecosa, alrededor de 5 minutos, deteniéndote para reincorporar la crema adherida a las paredes, cuando sea necesario.
3. Añade la crema de calabaza, el sirope de arce, la canela, la nuez moscada, la sal y las diminutas semillas de la vaina de vainilla (si lo deseas) y bátelo todo junto hasta que quede una crema fina y homogénea. La crema se conservará en un recipiente hermético en la nevera por lo menos 1 mes.

Crema crujiente de almendras tostadas con sirope de arce y canela

- 2 ¼ tazas (550 ml) de almendras crudas
- 2 cucharadas (30 ml) de sirope puro de arce
- 2 cucharadas (30 ml) de semillas de cáñamo
- 2 cucharadas (30 ml) de semillas de chía
- 1 cucharadita (5 ml) de canela molida
- 1 cucharadita (5 ml) de extracto puro de vainilla
- 1 o 2 cucharaditas (5 a 10 ml) de aceite de coco
- ¼ de cucharadita (1 ml) de sal marina fina

Esta crema de almendras está repleta de proteínas y semillas de cáñamo y de chía, lo cual hace de ella una crema altamente nutritiva que te reportará satisfacción en todos los sentidos. Te aconsejo que cuando hagas cremas de frutos secos uses un procesador de alimentos potente, ya que los aparatos pequeños no triturarán bien los frutos secos y, además, puede quemárseles el motor.

1 ¼ taza (300 ml)

Tiempo de preparación: 20 minutos | **Tiempo de cocción:** 20-25 minutos

Sin gluten, sin soja, sin azúcar refinado, sin cereal

1. Precalienta el horno a 150 °C. Cubre con papel vegetal una bandeja con borde para horno.

2. En un bol grande, mezcla las almendras y el sirope de arce, removiendo bien. Extiende la mezcla en una sola capa sobre la bandeja de horno y hornéala entre 20 y 25 minutos, hasta que esté dorada y desprenda un agradable aroma, removiéndola una vez a mitad de cocción.

3. Deja enfriar las almendras en la bandeja de horno entre 5 y 10 minutos. Si quieres que la crema esté crujiente, aparta ¼ de taza (60 ml) de almendras enteras (de lo contrario, úsalas todas). Tritura el resto en un robot de cocina entre 5 y 10 minutos.

4. Añade las semillas de cáñamo y de chía, la canela, la vainilla, 1 cucharadita (5 ml) del aceite y la sal. Tritura hasta obtener una crema de almendras suave y lo bastante fina como para que gotee al recogerla con la cuchara. Añade más aceite si no consigues que quede lo bastante suave.

5. Si quieres que la crema esté crujiente, pica finamente las almendras que has reservado e incorpóralas a ella.

6. Guárdala en un tarro hermético de vidrio a temperatura ambiente o en el frigorífico. Se conservará de 1 a 2 meses.

Costrones almendrados a las finas hierbas

- 1 cucharada (15 ml) de semillas de lino
- 1 cucharada (15 ml) de aceite de oliva virgen extra
- 2 dientes de ajo
- 1 taza (250 ml) de almendras crudas
- 2 cucharadas (30 ml) de cebolla dulce troceada
- 2 cucharadas colmadas (30 ml) de perejil fresco o 1 cucharadita (5 ml) de perejil seco
- 2 cucharadas colmadas (30 ml) de albahaca fresca o 1 cucharadita (5 ml) de albahaca seca
- 1 cucharada (15 ml) de tomillo fresco o ½ cucharadita (2 ml) de tomillo seco
- 1 cucharada (15 ml) de romero fresco o ½ cucharadita (2 ml) de romero seco
- ½ cucharadita (2 ml) de orégano seco
- ¼ de cucharadita (1 ml) de sal marina fina, o al gusto
- Herbamare, para espolvorear por encima

Te aseguro que cuando pruebes estas delicias almendradas y crujientes hechas sin harina ya no volverás a mirar los costrones de pan tostado de la misma manera. Si eres como nosotros, ¡no podrás parar de comer costrones directamente de la bandeja del horno! Pruébalos con la ensalada César (página 131) o con cualquier ensalada que quieras.

8 raciones

Tiempo de preparación: 15 minutos | Tiempo de cocción: 30-35 minutos

Sin soja, sin azúcar, sin cereal, sin gluten

1. Precalienta el horno a 150 °C. Forra con papel vegetal una bandeja con borde para horno.
2. En un bol pequeño, mezcla las semillas de lino, el aceite y 2 cucharadas (30 ml) de agua y remueve. Deja reposar la mezcla 5 minutos, removiendo de vez en cuando, hasta que haya espesado.
3. En un procesador de alimentos, pica el ajo. Añade las almendras y tritúralo todo hasta que quede finamente picado. Añade la cebolla, el perejil, la albahaca, el tomillo, el romero, el orégano, la sal y la mezcla de semillas de lino, y procésalo todo hasta que se forme una bola de masa.
4. Con los dedos, vete colocando pequeñas porciones de masa sobre la bandeja de horno que has preparado, usando aproximadamente ½ cucharadita (2 ml) de masa por costrón. Cuida de dejar entre ellos una separación de 2,5 cm y espolvoréales Herbamare.
5. Hornéalos 20 minutos, luego dales la vuelta y hornéalos de 10 a 15 minutos más, hasta que estén dorados. Hacia el final de la cocción, vigila para que no se quemen.
6. Déjalos enfriar en la bandeja 10 minutos. Se pondrán crujientes al ir enfriándose. Una vez fríos del todo, guárdalos en un tarro hermético de vidrio; se conservarán entre 2 semanas y 1 mes.

Reducción balsámica

- 1 taza (250 ml) de vinagre balsámico

Si detestas el vinagre, no temas: una vez que este vinagre se reduzca hasta formar un sirope, el resultado será un glaseado mucho más dulce, ideal para rociar con él ensaladas (mira, por ejemplo, la ensalada de remolacha asada de la página 135), verduras a la parrilla y también fruta de temporada, como melocotones o fresas. ¡O toma una rebanada de pan de baguette recién hecho y úntala con aceite y reducción balsámica! Verás lo rica que está.

Quizá de entrada te parezca que la cantidad de vinagre es excesiva, pero ten en cuenta que el volumen se habrá reducido dos terceras partes para cuando hayamos terminado.

1/3 de taza (75 ml) aprox.

Tiempo de preparación: 10 minutos | **Tiempo de cocción:** 20-30 minutos

1. En un cazo pequeño, pon el vinagre a hervir a fuego medio-alto. Baja el fuego a posición media-baja y deja que hierva, removiendo con frecuencia, durante 20 o 30 minutos, hasta que el vinagre se haya reducido dos terceras partes. Vigílalo para que no se queme y baja el fuego si es necesario. Al final debería quedar en el cazo alrededor de un tercio de taza (75 ml) de reducción de vinagre balsámico.

2. Aparta el cazo del fuego y déjalo enfriar. Pasa la reducción a un contenedor hermético y guárdalo en el frigorífico; se conservará hasta 1 mes. La reducción espesará y se endurecerá cuando esté muy fría. Deja que vuelva a ponerse a temperatura ambiente antes de usarla.

Caldo vegetal casero

- 1 ½ cucharadita (7 ml) de aceite de oliva virgen extra
- 3 cebollas, cortadas en trozos grandes
- 1 cabeza de ajos, pelada por entero y con los dientes machacados
- Sal marina fina y pimienta negra recién molida
- 3 zanahorias medianas, cortadas en trozos grandes
- 4 tallos de apio, cortados en trozos grandes
- 1 manojo de cebolletas, en trozos grandes
- 1 taza (250 ml) de setas shiitake o champiñones cremini, en trozos grandes
- 1 tomate grande, en trozos grandes
- 2 hojas de laurel
- 10 ramitas de tomillo fresco
- 1 tira de 5 cm de alga kombu (opcional)
- 1 ½ cucharadita (7 ml) de pimienta negra en grano
- 2 cucharaditas (10 ml) de sal marina fina

Sugerencias: si quieres hacer un caldo más sabroso, añade un chorrito de tamari. Ahora bien, ten en cuenta que ya no será una receta sin soja.

Si prefieres que la receta no lleve soja, usa aminos de coco en su lugar.

Hacer caldo casero no es tarea sencilla, desde luego, como comprar unos cuantos envases o cubitos de caldo en el supermercado, pero reporta una satisfacción incomparable hacer un caldo partiendo de los ingredientes básicos.

A mí me gusta preparar una buena olla al principio de la «estación de sopas» para tener caldo siempre a mano. Muchos de los caldos comprados contienen gluten y levadura, y eso significa que no están indicados para personas con intolerancia a estos alimentos; por eso es conveniente tener caldo casero como opción. Yo suelo congelarlo en tarros de vidrio para poder echar mano de él cuando llegan los días fríos de invierno, en que nada apetece tanto como un buen tazón de sopa. Eso sí, acuérdate de dejar unos 2,5 cm de tarro sin llenar, de modo que el caldo tenga sitio para expandirse cuando se congele. ¡Gracias, America's Test Kitchen, por inspirarme esta receta!

10 a 12 tazas (2,4 a 2,6 l)

Tiempo de preparación: 30 minutos | **Tiempo de cocción:** 1 ½ horas

Sin gluten, sin azúcar, sin frutos secos, sin soja, sin cereal

1. En una olla grande, calienta el aceite a fuego medio. Añade la cebolla y el ajo y sofríe unos 5 minutos. Sazona con una pizca de sal y abundante pimienta.
2. Añade las zanahorias, el apio, las cebolletas, las setas o champiñones, el tomate, el laurel, el tomillo, el alga kombu (si lo deseas) y la pimienta en grano, y saltea entre 5 y 10 minutos más.
3. Por último, echa 12 tazas (2,8 l) de agua y 2 cucharaditas (10 ml) de sal. Calienta la olla a fuego alto hasta que el caldo alcance un hervor suave. Baja el fuego a posición media y déjalo hervir unos 90 minutos, o más si tienes tiempo.

4. Con cuidado, cuela el caldo sobre un bol grande o una jarra. Puedes usar los restos sólidos para hacer abono orgánico. Luego, vierte el caldo en tarros de vidrio grandes, dejando 2,5 cm libres en la parte superior para que el caldo pueda expandirse. Déjalos enfriar completamente, luego ponles la tapa y métalos en el congelador, donde el caldo se conservará de 1 a 2 meses, o en el frigorífico, para usarlo en un máximo de 3 días.

Salsa para enchiladas en 5 minutos

- 2 cucharadas (30 ml) de mantequilla vegana o un aceite suave de tu elección
- 2 cucharadas (30 ml) de harina
- 4 cucharaditas (20 ml) de chile molido
- 1 cucharadita (5 ml) de ajo en polvo
- 1 cucharadita (5 ml) de comino molido
- ½ cucharadita (2 ml) de cebolla en polvo
- ¼ de cucharadita (1 ml) de pimienta de Cayena
- 1 taza escasa (250 ml) de tomate concentrado
- 1 ¾ taza (425 ml) de caldo vegetal
- ¼ a ½ cucharadita (1 a 2 ml) de sal marina fina, al gusto

Sugerencia: si quieres una versión sin gluten, utiliza harina de uso general sin gluten.

Esta salsa casera para enchiladas está para chuparse los dedos, ¡tan rica que quizá no vuelvas a comprar la del supermercado nunca más! Úsala para las Enchiladas de boniato y frijoles negros (página 167), o sencillamente como acompañamiento de un plato básico de verdura, legumbres y arroz.

2 tazas (500 ml)

Tiempo de preparación: 5 minutos | **Tiempo de cocción:** 5 minutos

Opción sin gluten, sin frutos secos, sin azúcar, sin cereal

1. En una cazuela mediana, derrite la mantequilla vegana a fuego medio.
2. Incorpora la harina y remueve hasta formar una pasta. Añade el chile molido, el ajo en polvo, el comino, la cebolla en polvo y la pimienta de Cayena y remueve hasta mezclarlo todo bien. Déjalo cocer un par de minutos hasta que desprenda un agradable aroma.
3. Incorpora el tomate concentrado, seguido del caldo. Bate con las varillas hasta que la salsa quede suave y homogénea. Llévala a ebullición a fuego alto (tapada, si es necesario) y luego baja el fuego a posición media para mantener un hervor suave. Incorpora la sal al gusto y deja cocer unos 5 minutos (o más, si quieres), hasta que haya espesado.

Tabla de cocción de cereales y lentejas

Aunque no pretendo que esta sea una guía completa de tiempos de cocción de cereales y legumbres, estas son las variedades que cocino con más frecuencia. Indicaciones generales para cocer cereales: recomiendo lavarlos bien en un colador de malla fina antes de cocinarlos; eliminamos así cualquier suciedad o residuo de tierra y evitamos que quede alguna partícula suelta en el agua de cocción. Pon el cereal y agua fresca (o caldo vegetal, si lo prefieres) en una cazuela mediana y llévala a ebullición suave a fuego alto. Baja el fuego a posición media-baja, tapa la cazuela, con una tapa que ajuste bien y deja cocer el cereal el tiempo indicado, o hasta que te parezca que el grano está tierno. Los tiempos de cocción pueden variar en función del nivel de fuego y de lo frescos que estén los cereales, así que te sugiero que la primera vez estés pendiente de ellos durante la cocción hasta saber con seguridad el tiempo exacto que tardan en tu cocina. A la quinoa, el mijo y el arroz les vienen bien 5 minutos de vapor tras la cocción. Para ello, basta con que retires la cazuela del fuego y la dejes reposar con la tapa puesta durante 5 minutos. A continuación, ahueca los granos de cereal con un tenedor.

He añadido a esta tabla las lentejas verdes. Sigue las mismas indicaciones que acabo de dar, solo que cuécelas a fuego suave destapadas y escurre cualquier resto de agua que haya quedado tras la cocción.

En la página 303 encontrarás las instrucciones para la cocción de las legumbres.

Cereales y lentejas	Cantidad en seco	Cantidad de agua	Sugerencias	Tiempo	Resultado final
ARROZ BASMATI	1 taza (250 ml)	1 ½ taza (375 ml)	Vigila atentamente pasados 10 minutos	10 a 15 minutos	3 tazas (750 ml)
LENTEJAS VERDES	1 taza (250 ml)	3 tazas (750 ml)	Cuece suave, sin tapar, y escurre el agua sobrante tras la cocción	20 a 25 minutos	2 ¾ tazas (675 ml)
MIJO	1 taza (250 ml)	2 tazas (500 ml)	Tuesta un poco el mijo en 1 cucharada (15 ml) de aceite antes de echar el agua, para realzar el sabor	20 minutos, más 5 minutos al vapor	4 tazas (1 l)
QUINOA	1 taza (250 ml)	1 ½ taza (375 ml)	Cuece con caldo vegetal para realzar el sabor	15 a 17 minutos, más 5 minutos al vapor	3 tazas (750 ml)
ARROZ INTEGRAL DE GRANO CORTO	1 taza (250 ml)	2 tazas (500 ml)	Deja reposar al vapor 5 minutos fuera del fuego	40 minutos	3 tazas (750 ml)
ESPELTA EN GRANO	1 taza (250 ml)	1 ½ taza (375 ml)	Para que el grano cocido tenga textura más firme, reduce lo necesario el tiempo de cocción	35 minutos, o hasta que se absorba el agua	2 tazas (500 ml)
ARROZ SALVAJE	1 taza (250 ml)	2 tazas (500 ml)	Deja al vapor 5 minutos fuera del fuego tras la cocción	40 minutos	3 tazas (750 ml)

Agradecimientos

Dice un proverbio africano que se necesita de un pueblo entero para educar a un niño, y a pesar de que no tengo experiencia en educación infantil, he repetido más de una vez esas palabras en lo referente a la creación de un libro. Sois muchos los hombres y mujeres que habéis puesto vuestro talento y vuestro corazón en este libro, y os estoy enormemente agradecida a todos y cada uno de vosotros.

A mi marido, Eric. Es casi imposible poner en palabras cuánto te quiero y te valoro. He escrito y reescrito este párrafo tantas veces que he perdido la cuenta. Con tu generosidad, entendimiento e inteligencia, y ese sentido del humor que me hace partirme de risa, me iluminas la vida entera. En todas las etapas de esta nueva profesión, lo mismo cuando inauguré el blog y la panadería que desde que empecé a escribir este libro, ni una sola vez me has advertido de las ventajas de seguir el camino seguro y trillado. Gracias por tu apoyo en todas las aventuras en que he decidido embarcarme, por más descabelladas que parecieran. Sin la menor duda, gracias a los platos que has fregado, a las listas de la compra de las que te has encargado de principio a fin y a la ternura con que has enjugado mis lágrimas, he podido completar este libro. Te quiero.

Os estoy inmensamente agradecida a quienes os habéis ofrecido a poner a prueba las recetas pues, sin vuestra ayuda lo que hay en este libro no sería ni mucho menos tan delicioso. A ti, mamá, gracias por todos los platos que has probado a hacer y por tus comentarios meticulosos, así como por enviarme recortes con recetas para que las «veganizara». Has sido mi mayor animadora toda la vida; siempre has creído en mí cuando yo no creía en mí misma. A mi hermana Kristi, gracias por sacar tiempo para preparar mis recetas a pesar de estar siempre ocupada haciendo de madre de mis preciosos sobrinos. Tía Diane y tía Elizabeth, la generosidad con que brindáis vuestro tiempo y vuestro cariño nunca deja de sorprenderme. Gracias por vuestro apoyo y por ayudarme a comprobar las recetas y a mejorarlas. A Tammy Root, por el entusiasmo con que has probado a hacer cada receta que he publicado, ¡y por quedarte triste cuando se acabó el período de pruebas! Finalmente, gracias desde lo más hondo a Heather Lutz, Tina Hill, Catherine Bailey, Michelle Bishop, Alyse Nishimura, Donna Forbes, Stefania Moffat, Cindy Yu, Laura Flood y Sara Francoeur. ¡Estoy en deuda con todas vosotras por el tiempo que me habéis dedicado y por vuestros comentarios a lo largo del último año! Gracias, gracias de verdad.

A Lucia Watson, mi editora de Avery, gracias por entusiasmarte con este proyecto desde el principio y por ser tan paciente con mi afán de perfeccionismo. Formamos un gran equipo y estoy muy orgullosa de lo que hemos creado. Gracias a Ivy McFadden por tu excelente trabajo de corrección.

Andrea Magyar, mi editora de Penguin, gracias por ponerte en contacto conmigo hace unos años y por ayudarme a plasmar mi pasión en un libro. Te agradezco tu apoyo constante, tus consejos y tu aliento a lo largo de todo el proceso. Gracias por ocuparte con tal diligencia de que mi visión se hiciera realidad.

Gracias a mi abogado, James Minns, por ayudarme a ir paso a paso y a dedicar tiempo a comprender el proceso. Las lecciones que he aprendido gracias a tus consejos son impagables, y estoy muy agradecida de tenerte a mi lado. Eres un verdadero amigo y asesor.

Nicky Rockliffe, siento un especial agradecimiento hacia ti por habernos prestado tu preciosa cocina como fondo de algunas fotografías.

Dave Biesse, ha sido un auténtico placer volver a trabajar contigo y que nos fotografiaras enredando en la cocina y fuera de casa. ¡Gracias por las estupendas tomas!

A mis queridos lectores del blog *Oh She Glows*; ¡me tenéis asombrada! Los ánimos, el apoyo y el entusiasmo constantes que me llegan de vosotros son sin duda la razón de que hoy esté donde estoy. ¿Puede haber algo más estimulante que mostrarle al mundo la pasión de mi vida y recibir tan calurosa respuesta? Quizá no sepáis cuánto aprecio vuestras observaciones, preguntas y comentarios, pero me gustaría que lo supierais. Haberos conocido a través de mi blog me ha enriquecido la vida en muchísimos sentidos, y espero que podamos continuar este viaje muchos años. ¡Me encantaría tener el placer de conoceros a muchos más de vosotros en el futuro!

Índice temático

Índice